숨겨진 영재성
발견하라

숨겨진 영재성 발견하라

지형범 지음

"내 아이는 천재일까? 영재일까?"
창의적 인재로 키워내는 '영재 교육' 비법 전수

매일경제신문사

| 이 책을 읽기 전에 |

《영재교육백서》 1, 2권은 상당히 많은 부모들에게 도움이 된다는 전언을 듣고 있습니다. 《영재교육백서》 1권은 번역서입니다. 1996년 미국에서 출판되고 2006년 번역서가 출간된 이래 미국과 우리나라에서 꾸준히 판매되고 있는 장기 스테디셀러입니다. 영재 교육 전반에 걸친 개론서 역할을 합니다. 그동안 보통 사람들에게는 전혀 와 닿지 않았던 문제들이 실제로는 많은 가정에서 필요한 내용이었다는 것을 일깨워주고 있습니다. 2권 《영재성 바로알기》는 400가구 정도의 한국 부모들과 필자의 상담을 바탕으로 한국적 상황에서의 궁금증을 풀어주는 역할을 하고 있습니다. 두 권 모두 상당히 많은 부모들에게 도움이 된다는 전언을 듣고 있습니다. 실제로 상담을 요청하신 분들 중 상당수

가 《영재교육백서》를 읽었고, 그만큼 영재 특성에 대한 사전 이해도가 몇 년 전보다는 훨씬 높아졌다는 것을 느낄 수 있었습니다. 그럼에도 여전히 부모들에게 더 많은 정보와 구체적인 도움 말들이 필요하다는 것을 통감합니다.

 우선 상담을 원하는 분이나 이든 센터 카페(cafe.daum.net/eden-center)를 찾아 가입하신 분들 대부분이 자녀의 영재성에 대해 여전히 의구심을 표시합니다. 이미 지능 검사 결과를 받았고, 이름난 영재원에서 자녀가 수업을 받았던 분들조차 "우리 아이가 영재인지 잘 모르겠다"라는 말로 시작합니다. 이런 분들의 의구심을 이해 못할 바는 아닙니다. 우리가 가진 '영재'라는 단어에 대한 선입견이 너무나 단단하게 형성되어 있기 때문일 것입니다. 상담을 시작할 때 늘 반복하는 말이지만, 영재라 함은 '지능 지수 평가로 상위 2%에 해당하는 아이들'을 학술적으로 분류하여 명칭을 정한 것입니다. 영어로 'Gifted Child'를 영재로 번역한 것입니다. 그렇다면 한자어 '영재'가 가진 원래의 의미는 번역어 '영재'와는 전혀 다른 뜻일 수도 있습니다. 상위 2%라면 대략 50명 중 하나입니다. 그 정도로는 사실 유명 선호 대학이나 학과에 입학할 수 있는 기준보다는 다소 약한 셈입니다. 그래도 1% 안에는 들어야 할 것입니다. 더욱이 방송에 나오는 '영재'처럼 희귀한 수준의 신동과는 많이 다른 것입니다.

그러니 "사실, 우리 아이는 평범해요"라고 말하는 것이 당연할지 모릅니다. 하지만 겉으로 드러난 재능은 아직 두드러지지 않을지 모르나, 아이의 특성은 평균적인 아이들과는 확연히 다릅니다. 우선 아이들이 고집이 세고, 통제가 잘 안되고, 좋아하는 것과 싫어하는 것이 분명해서 자기가 좋아하는 것에 대해서는 지나치게 집착하고 장기간 지칠 줄 모르고 몰두하는 반면, 싫어하는 것을 시키려들면 좀처럼 시작도 하지 않으려는 경향이 있습니다. 그러니 영재라기보다는 길들여지지 않고 정신적인 혹은 정서적인 문제가 큰 아이처럼 보입니다.

그런 아이들이 모두 영재라고 단언하기는 어렵지만, 그런 특성을 가지고 기관 생활에서 여러 부적응을 겪는 부모들이 많은 방황과 고민의 밤을 지내다가 찾아온 곳이 이곳이었고, 실제로 지능 지수는 거의 대부분 '영재'라는 기준을 상회하고 있었습니다. 이런 사례들을 미루어 짐작해 본다면 많은 영재들이 자신이 가진 특성을 제대로 인식하지 못하고 있다고 봅니다. 그 부모들 역시 아이의 영재성을 전혀 고려하지 못하고 있을 것입니다.

이론서 중에서는 실제로 지능 지수만으로는 영재라고 판별하지 못한다는 이론도 있습니다. 그러나 그런 아이들의 지적인 특성은 분명 평균적인 사람들과는 확연히 다릅니다. 이 아이들에게 어떤 형태로든 동기 유발만 된다면, 그리고 아이에게 우호적인 환경이 제공된다면 이들의 능력 개발 속도는 예상을 뛰어 넘을 수 있습니다. '숨겨진 영재성'은 사장되어지고 불필요한 고통 속에서 지속적으로 영재성을 부인당하고 억압당하는 아이들과 그 부모들이 적어도 한 번은 아이가 가진 잠재성을 발견할 수 있도록 도와주기 위해 만들어졌습니다.

이 책은 '영재'라는 단어가 주는 여러가지 혼란과 편견에 대해 분석합니다. 그래서 지능 지수가 암시하는 많은 시사점들을 정리하도록 합니다.

그런 특성을 가진 영재들이 그들의 잠재력을 개발하기 위해서 부모들이 고려해야 할 양육 태도에 대해 설명합니다. 무엇보다 아이들의 밝고 커다란 미래에 대한 믿음을 잃지 않을 것과 멀리 높게 보고 꾸준한 신뢰와 지원을 유지해야 합니다. Part 03은 이든 센터 소식지에 연재되었던 질의응답 모음을 정리해 모았습니다.

| 추천사 |

부모라면 꼭 읽어보아야 할 영재교육 지침서

우리나라에서 영재교육진흥법이 통과되고 국가에서 인재를 키우려는 노력이 가시화된 지도 15년이 지나고 있습니다. 이제 전체 학생 인구의 거의 3%가 이러저러한 형태의 영재교육을 받고 있는 것으로 조사되고 있습니다. 그러나 아직도 너무나 많은 우리나라의 영재학생들이 방치되어 있습니다.

안타깝게도 영재에 대한 인식이 여전히 미숙하고, 때로는 적대적이기까지 합니다. 많은 영재들은 이해받지 못하고 소외되어 본인과 그 부모들은 무엇이 문제인지 이유도 모른 채 고통 속에 지내야만 했습니다. 그러한 때에 《숨겨진 영재성 발견하라》는 한 줄기 희망의 빛을 보여주었습니다. 이 책의 저자인 지형범 선생은 영문으로 된 1999년 《영재교육백서》를 읽게 된 것을 계기로 16년 넘게 영재를 연구하고, 영재의 부모를 상담하고, 영재아 가정을 애정 어린 관심으로 지켜온 것으로 알고 있습니다.

《영재교육백서》는 영재들의 특성과 영재들이 부딪히는 문제, 또 영재들을 이해하고 도움을 줄 수 있는 방법들을 구체적으로 제공해 영재와 그 가족들을 다방면으로 지원합니다. 상담 내용을 바탕으로 이 책을 출간한다는 소식에 반가운 마음이 들었습니다. 앞으로도 많은 영재들과 그 가족, 또 영재교육을 공부하거나 관심을 가진 학생들이 이 책을 통해서 영재들에 대한 이해를 넓혀갔으면 하는 바람입니다. 《숨겨진 영재성 발견하라》의 책 출간을 축하합니다.

– 박경빈, 가천대학교 교수, 전 (사)한국영재학회 회장, 전 President,
Asia-Pacific Federation on Giftedness

평범해 보이는 우리 아이 어떻게 키워야 할까?

평범해 보이는 우리 아이가 혹시 영재인가? 그렇다면 아이 교육은 어떻게 해야 할까요? 우리 학교의 영재들은 어떻게 교육할까요? 우리는 가정과 학교에서 종종 이 문제들과 마주칩니다. 그리고 이 주제는 '국가적 차원에서는 수월성교육인가 아니면 평준화교육인가'라는 교육정책 의제로까지 이어집니다. 영재들은 우리에게 축복이면서도 앞으로 우리가 이끌어야 할 과제이기도 합니다. 저자는 '숨겨져 있고 은폐되도록 압력을 받고 있는 영재성을 우리 사회가 어떻게 키워줄 수 있는가'라는 주제에 대해 진지하게 탐구합니다. 저자는 이 책에서 "진짜 영재 프로그램은 어떤 것이 되어야 할까요?"라고 질문합니다. 저자가 영재 모임인 멘사코리아 회장을 역임하면서 축적한 멘토 활동과 연구가 알차게 녹아있습니다. 자녀교육에 관심 있는 부모들과 교육현장에 계신 분들께 이 책을 권하고 싶습니다.

– 고명석, 《예술과 테크놀로지》저자, 경희대 객원교수

영재아 부모를 위한 지도서

이 책은 오랫동안 영재 자녀를 둔 부모 모임을 이끌어 온 저자의 현장 경험을 바탕으로 자녀 교육의 노하우를 전달하고 있습니다. 영재아 자녀를 둔 부모뿐만 아니라 모든 부모들이 읽어야 할 필독서라고 생각합니다.

- 박혜원, 울산대학교 교수, 인지발달중재학회·한국발달심리학회 회장 역임, 《한국 웩슬러 유아지능검사(K-WPPSI-IV), 한국 웩슬러 아동지능검사(K-WISC-III), 한국 비언어지능검사(K-CTONI-2)》 저자

행복한 영재를 만드는 부모교육

수년간 영재와 영재 부모들을 만나면서 한국 아이들의 영재성을 개발하여 국제적인 리더십을 발휘하고자 역량 개발을 위해 노력한 재야 교육가의 생생한 현장 체험이 녹아 있습니다. 저자가 보고 있는 우리 아이들의 잠재력을 제대로 계발한다면 한국은 21세기를 선도하는 지도국가가 될 수 있을 것입니다.

- 정순영, 서울방송(SBS) 제작본부 부국장급

Contents

이 책을 읽기 전에 4
추천사 8

Part 01 지능 지수를 믿을 수 있나요? 17

01 숨겨져 있는 영재성 18
02 '멘사'와의 만남 21
03 멘사 회원들은 천재도 명문대 출신도 아니었다 24
04 '영재'라는 단어가 일으키는 혼란 29
05 한국의 아이들이 특별히 더 우수하다? 35
06 매우 높은 한국의 국가 평균 IQ 44
07 오늘날까지 영향을 주는 한글의 위력 49
08 지능 지수가 뜻하는 것은 과연 무엇인가? 51
09 지능 지수는 어떻게 만들어졌는가? 54

지능 지수와 학업성취도 관계란? 55
지능 지수는 잠재력을 발견하는 소중한 기회 59
지능 지수 평가는 언제해야 할까 64
지능 지수의 의미에 대한 해석 66
지능 지수와 행동 특성에 대한 이해 72

Part 02 지능 지수에 따라서 양육 방법은 다른가? ... 75

01 아이의 지능 지수가 높다면 어떻게 해야 할까 76

02 상위 10%에 해당하는 지능 지수라면? 79

03 부모의 남다른 노력이 아이를 좌우한다 84

04 차별화 교육정책이 필요하다 87

05 맞춤형 수준별 개별화 수업이 효과 있다 90

06 모범생은 지능 지수 120~130이 많다 93

07 감각 자극에 대한 반응 특성이 다를 수 있다 96

08 숨겨진 영재성부터 발견하자 99

09 창의적인 영재개발 프로그램이 중요하다 105

   1대1 멘토링 프로그램이란? 107
   자기주도적 독서 습관이 성공을 부른다 112
   몰입 특성 보호가 교육의 효과를 가져온다 118
   과제 선택의 자율성을 보장하라 122
   진도 속도와 단계는 스킨십만큼 중요하다 127

10 학습량은 많으면 많을수록 좋다? 130

11 동기 유발, 3가지만 준비하자 134
    부모의 사랑과 관심이 아이를 움직인다   135
    열정을 갖고 새로운 환경을 체험하게 하라   140
    공적 리더십을 통해 호연지기를 가르쳐라   145

12 아이와의 특별한 시간은 어떻게 갖나요? 152

13 아이들이 꾸준히 애정을 확인하는 이유 156

14 아이의 마음을 읽는 시간이 필요하다 161

Part 03 사례 모음을 통한 영재 발굴 165

01 부모와의 Q & A 166
    Q : 과민한 반응을 보이는 아이   166
        존재론적 고민(Existential Depression)   169
        야스퍼거인가?   172
        학교 교사와의 면담 준비   174
        수면 패턴이 다른 아이   177
        과흥분성을 지닌 아이   180
        입학 준비와 홈스쿨링   186
        바른 인성 교육   195
        느린 학습자   210
        저하된 학습 의욕   216
        정의가 사라진 교실문화   222
        습관적으로 말대꾸하는 아이   226
        선행학습의 혼란   229
        평범해 보이는 영재   232
        불성실한 학습 태도와 의욕 저하   236
    'SENG' 질의 응답   244

영재교육 상담자 – ESSAY　　　　　　　　　　　　　247

02 상위 2% 지능 지수의 아이들 255

03 고지능 아이들의 창의성을 높여라 258

Part 04 지능검사의 발달 과정 265

01 지능 지수 개념의 창시자 '비네' 266

02 다양한 지능 검사의 종류 269

　스탠포드 비네 검사　　　　　　　　　　　　　　　269
　데이빗 웩슬러 지능 검사　　　　　　　　　　　　270
　다중 지능 검사　　　　　　　　　　　　　　　　275

03 전 세계적인 현상 - 플린 이펙트 280

04 멘사 아이큐 테스트- 레이븐스 매트릭스 286

05 지능 검사의 목록 289

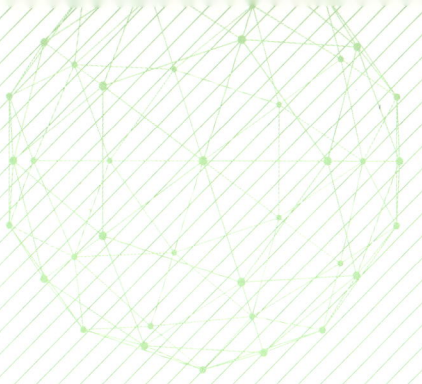

Part 01

지능 지수를 믿을 수 있나요?

Chapter
01

숨겨져 있는 영재성

필자는 15년간 800여 가족과 심층 상담을 가졌습니다. 수많은 부모들이 여러 경로를 통해 필자를 찾아왔고 한 시간에서 한 시간 반에 걸쳐 여러가지 어려움을 하소연했습니다. 더 많은 가족들과 사람들이 온라인상으로 많은 질문을 던졌고, 수없이 많은 답글과 댓글로 대답했습니다. 그분들의 질문의 요점을 정리하면 다음과 같습니다.

"우리 아이를 특별히 영재라고 생각하지는 않습니다. 단지《영재교육백서》에 등장하는 아이들과 같은 특성과 문제를 가지고 있습니다. 그것도 아주 많이 가지고 있습니다. 이런 아이는 어떻게 키워야 하나요?"

이런 사례가 많기 때문에 필자도 교육을 받고 지능 검사 평가자가 되어 자녀에게 나타나는 다양한 특성을 바탕으로 아이들의 지능을 평가했습니다. 검사 결과, 대부분 그런 아이들은 특별히 지수가 높은 아이들이었습니다. 커뮤니티 사이버 카페에서도 드물지 않게 올라오는 질문이 하나 있습니다. '지수가 높으면 모두 영재인가요?'의 말을 바꾸어 표현하면 '영재란 무엇인가요?'가 됩니다. 지능과 영재를 주된 과제로 공부하는 학자들 사이에서도 '영재란 무엇인가?'에 대해 여러 학설로 논쟁이 계속되고 있습니다. 그런 학자들의 논쟁들을 읽어나가다 보면 '도대체 이게 뭐란 말인가?', '이러니 일반 부모들이 영재란 무엇인지 혼란스러울 수밖에 없겠구나!'라는 생각이 절로 듭니다.

지능 지수가 절대적인 지표가 아니란 것은 필자도 압니다. 하지만 자료를 읽을수록 지능 지수가 그렇다고 해서 아무 것도 아닌 것이냐하면 그것도 아닙니다. 상당히 강력하고 유효한 지표입니다. 이제부터 한 권의 책을 통해 영재란 무엇인지, 지능 지수란 무엇인지, 그렇다면 우리 아이는 영재라고 해야 할지 말지, 영재라고 생각한다면 어떻게 양육하는 것이 아이에게 도움이 될지를 설명해보려고 합니다.

이렇듯 혼란스럽고 논쟁적이고 민감한 주제에 대해 책을 쓴다는 것은 상당히 위험한 일입니다. 교육학이나 심리학 분야에 대한 문외한인 필자 같은 사람이 이 문제에 대해 과감하게 어떤 길을 제시한다고 하면 전문가 집단으로부터 돌팔매를 당하게 될 것입니다. 그래서 이 책을 쓰게 되기까지 참 많은 시간과 고민이 필요했습니다. 단지 이 책을 쓰고 출판하기로 결심한 이유는 지난 15년간 만난 부모들의 고통 때문입니다. 공식적인 학위가 없음에도 나 같은 사람의 조언이 너무도 절실히 필요한 사람들이 무척 많았던 것입니다. 그분들이 해준 이야기가 다시 머리 속에서 정리되어 다음 만나게 된 분들에게는 너무나도 귀중한 조언이 되었습니다. 만나는 가족들이 많아질수록 이 이야기는 좀 더 설득력을 갖게 되었고, 실제로 많은 가족들을 큰 혼란과 고통으로부터 자유롭게 해주었습니다. 과연 이 이야기가 당신의 가족들에게도 도움이 될 것인지는 결국 읽는 분들의 판단에 맡길 수밖에 없습니다.

우선 필자가 왜 '영재'라는 주제에 대해 관심을 갖게 되었는지부터 이야기하려고 합니다.

Chapter
02

'멘사'와의 만남

　1946년 영국에서 시작된 고지능자 동호회 '멘사'가 1996년 한국에 상륙했습니다. 한국에 들어오는데 50년이 걸린 셈입니다. '멘사'는 지능 지수 상위 2%에게만 가입 자격을 주는 특이한 모임입니다. '멘사'가 국제적으로 알려지게 된 계기는 1976년 〈리더스 다이제스트〉라는 잡지에 소개되었을 때입니다. 1946년 만들어진 후 30년간 멘사는 불과 수백 명에서 수천 명 정도의 미미한 규모의 동호회에 불과했습니다. 영국에서 만들어져 초창기에는 영국 회원들이 주로 활동을 했고, 몇 년 후 미국에 건너가서 미국 회원의 수가 상당히 있긴 했으나, 1976년 이전에는 멘사는 아는 사람만 아는 작은 클럽이었습니다. 리더스 다이제스트에 3개월간 멘사 퍼즐이 연재되었고, 퍼즐을 곧잘 푸는 사람은 회원이 될 수 있다는 기사에 수많은 사람들이 멘사에 몰려들었고, 세계적으로 10만 명의 회원으로 급성장했습니다. '멘사(Mensa)'는 라틴어로 '둥근 탁자'를 의미합니다. 목동들이 점심을 먹으려고 널찍하고 둥근 바위를 골라 상을 차렸는데, 그런 바위를 '멘사'라고 불렀다고 합니다. 지성을 가진 사람들이 원탁(Round Table)에 둘러앉아 이야기를 나누며 음식을 나눠 먹는 모습을 연상시킵니다.

1996년 어느 날, 필자는 70년대 후반에 〈리더스 다이제스트〉에 소개되었던 멘사가 한국에도 상륙한다는 이야기를 전해 들었습니다. 아내가 신문에 난 기사를 보여주었습니다. 필자가 대학생이었던 70년대 말에는 '멘사'라는 단체의 활동은 먼 나라에서 벌어지는 일이었을 뿐이었습니다. 그 멘사가 한국에도 들어온다는 기사가 흥미를 끌었습니다. 어린 시절 꽤 높은 지능 지수로 평가된 적이 있었기 때문에 입회시험에 합격할 수 있으리라는 기대를 가지고 응시했습니다. 그리고 기준선 안에 들어있다는 통보를 받고 새로 구성되는 '멘사 코리아' 모임에 나갔습니다. 당시 필자는 30대 후반이었지만 모임에 나온 사람들은 대부분 30대 초반 이하의 젊은 사람들이었습니다. 가장 많은 연령대는 20대 대학생들이었고, 더 어린 친구들도 보였습니다. 자연스럽게 초대 사무국장 그리고 2003년부터 2007년까지 4기와 5기 회장을 4년간 맡게 되면서 남들이 경험하지 못한 많은 일들을 겪게 되었습니다. 무엇보다 회장으로 활동하는 전후 10년 넘게 입회 오리엔테이션을 진행했습니다. '멘사 코리아'에서 제공하는 프로그램이 무엇인지 소개한 다음, 신입회원들의 자기소개를 차례로 듣게 되었습니다. 10년 사이에 그렇게 자기소개를 하는 회원을 2천 명 정도 지켜볼 수 있었습니다. 개중에는 정기적인 모임에서 꾸준히 만난 사람도 있었고, 아주 특이한 그들만의 사연도 들을 수 있었습니다. 우선 멘사 회원들에 대해 말해본다면 이 사람들은 사람들이 기대하는 것처럼 대단히 우수한 천재들이 아닙니다. 오히려 겉으로 보는 인상을 말한다면 지극히 평범해 보입니다. 얼굴에 '나는 천재'라고 쓰여 있지는 않습니다. 물론 이들과 대화를 해보고 사귀어 보면 역시 다른 점이 있긴 있습니다. 남들이 그다지 관심을 두지 않을 만한 특정 주제에 대해 집착하는 경향이 있었습니다. 적어도 한 번은 그런 경험을 가지고 있었습니다. 대개의 경우 성인이 되고 난 뒤에도 유별난 관심을 가지고 있는 구석이 한두 개씩 있었습니다. 80~90%의 회원은 내성적이고 숫기도 부족하고 다소 방어적인 태도를 가집니다. 반대로 10~15% 정도의 회원은 매우 외향적이고 한마디로 '튀는' 성격을 보입니다.

Chapter 03

멘사 회원들은 천재도
명문대 출신도 아니었다

학력도 기대와는 다릅니다. 오리엔테이션에서 밝힌 회원들의 학력은 기복이 있습니다. 10~15% 정도의 회원은 이른바 명문대학을 다니거나 졸업했습니다. 누구에게나 귀에 익숙한 4~5개 대학이거나 '의치한'(의대, 치대, 한의대)입니다. 물론 무작위로 선택한 집단에서 10~15%가 그런 대학을 다니거나 졸업했다면 상당히 우수한 집단으로 인정할 수도 있을 것입니다. 그러나 그들이 정말 영재라면 10~15%가 아니라 80~90%가 그래야 할 것입니다. 나머지 회원들은 그런 유명 대학이나 선호되는 학과 재학이거나 졸업자들이 아니고 아주 다양한 대학의 졸업자이거나 재학생이고, 고졸이 최종 학력이거나 고등학교 중퇴자도 있습니다. 중학 중퇴자도 있고, 심지어 초등학교 중퇴자도 있었습니다. 그래서 멘사 테스트 결과 발표가 있고 나면 게시판에 멘사 테스트의 신뢰성 시비가 매번 일어납니다. '이 테스트가 과연 믿을 수 있는 것이냐'라는 물음이 올라옵니다. '장사를 해 먹기 위해 합격을 남발하는 것 아니냐?'는 노골적인 의심을 표시하는 경우도 적지 않습니다. 필자는 사무국장으로서 또는 모임을 대표하는 회장으로서 이런 의문에 대해 답을 해야 했습니다. 그래야 한다는 의무감을 가지고, 영국에 있는 본부와도 여러 차례 메일로 문의하기도 했습니다. 본부로부터의 대답은 상당히 단호했습니다.

"멘사의 지능 검사는 수없이 많은 검증을 받은 것입니다. 상당한 이론적 근거와 많은 학자들의 연구 결과를 통해 더할 수 없이 엄격한 객관성을 담보합니다. 한국뿐 아니라 세계적으로 멘사 테스트에 대한 시비가 일어나는 이유는 뚜렷합니다. 테스트 합격률이 30%에서 50%에 이를 정도로 높게 나오기 때문입니다. 합격률이 2%가 아니라 30~50%에 달하는 이유도 분명합니다. 상당히 자신 있는 사람들이 자발적으로 시험에 응시하는 것이고, 어떤 형태로든 자신의 지능 지수가 어느 정도인지 아는 사람들만이 비용이 발생하는 테스트에 도전하기 때문입니다. 그것은 너무나 당연한 일입니다."

멘사 회원의 입회 기준은 지수로 상위 2%라고 말합니다. 나중에 공부해 알게 되었지만, 학술적으로 영재의 기준은 상위 2%입니다. 그러니까 한국 사람이 5천만 명이라면 100만 명이 영재라는 말입니다. 그리고, 그 사람들은 멘사 회원이 될 수 있는 것입니다. 여기에서부터 혼란과 반발이 일어납니다.

'영재가 우리나라에 100만 명이나 된다고?'

'무슨 영재가 그렇게 흔해 빠졌다는 이야기야?'

'상위 2%'는 일반적으로 사람들이 가진 '영재'라는 단어의 의미나 느낌과는 다릅니다. 한 10만 명 중에 하나 정도, 아니면 적어도 만 명 중에 하나 정도는 되어야 '영재'라는 명칭에 어울릴 것 같습니다. 종로나 명동 거리에 수백, 수천 명이 걸어가고 있다면 그 안에는 수십 명의 영재들이 섞여 있을 것입니다. 그렇게 흔해 빠진 사람들을 영재라고 부른다는 것이 온당한 것일까요? 하지만 적어도 영재에 대한 이론서에는 '영재는 50명 중에 한 사람'이라고 적혀 있습니다. 간단한 산수를 해 봅시다.

상위 2%는 50명 중의 한 명으로 대한민국 전체 인구 중에서는 100만 명입니다. 사람들은 영재가 100만 명 중의 한 명 정도라고 생각합니다. 대한민국 전체 인구 중에서 50명 정도로 파악합니다. 십만 명 중의 한 명이면 500명 정도이며 최소한 만 명 중의 한 명이라면 5,000명 정도일 것입니다.

'영재'라는 단어에 대한 학술적 의미와 대중적인 인식 사이에는 최소한 100만 명 대 5000명이라는 커다란 갭이 존재합니다. 최소한 200배 정도 거리가 있는 것입니다.

멘사 활동을 하면서 알게 되었지만, 지능 검사는 그 종류가 굉장히 많습니다. 수십 가지가 아니라 수백 가지나 개발되어 있습니다. 그 많은 지능 검사 중 가장 많이 사용되는 검사는 흔히 세 가지를 꼽습니다. 웩슬러 검사, 스탠포드 비네 검사, 그리고 30여 년간 멘사 표준 입회 테스트로 사용되었던 레이븐스 매트릭스입니다. 그외에도 세계적으로 가장 많이 사용하며 널리 보급되어 있는 10가지 검사를 표준검사로 분류하고 있습니다. 책 뒤편에 참고 자료로 지능 검사로 사용되는 검사들의 목록을 실었습니다. 카우프만, 렌즐리, 우드콕, 게젤, 레이놀즈 등 이 분야에 이름 있는 학자들은 죄다 한 가지씩 지능 검사를 개발해놓은 것이 아닐까 생각할 정도입니다. 거기서 한 가지 의구심이 드는 것도 사실입니다. 왜 그렇게 많은 종류의 지능 검사가 있어야 하는 것일까요? 무언가 약이 많다는 것은 그 병이 사실은 잘 고쳐지지 않는 질병이기 때문입니다. 그렇다면 지능 검사의 종류가 그렇게 많다는 것은 지능 검사 자체가 도무지 믿음직하지 않기 때문이 아닐까요? 지능 검사의 종류가 많아진 이유는 지수 자체의 신뢰성에 문제가 있기 때문이 아닙니다. 상위 2%에 속하는 아이들의 평가 때문에 많은 종류가 생겨난 것입니다. 이런 영재들은 편벽성이 강하고 평가 방법과 방향에 따라 민감도가 크게 달라지기 때문입니다.

Chapter 04

'영재'라는 단어가 일으키는 혼란

여기서 우선 영재라는 단어가 가진 일반인들의 인식과 느낌과 학술적으로 정리된 의미 사이에는 분명한 차이가 있다는 점을 짚고 넘어가야 합니다. 일반인들은 영재라고 하면 매스컴에 가끔 등장하는 대단히 놀라운 능력을 발휘하는 신동들을 연상합니다. 기네스북에 오르내릴 정도로 지능 지수가 200에 가까워야 한다고 생각합니다. 아니면 다섯 살에 외국어를 두세 개 유창히 말하거나 미적분을 풀어냈다던가 하는 그런 특별한 아이들을 떠올립니다. 여기서 문제가 생깁니다. 많은 부모들이 지능 검사 결과

"이 아이는 영재 레벨이군요."

혹은

"고도 영재입니다."

라고 말하면 의아한 표정을 짓습니다.

"우리 아이는 조금 똘똘한 정도이지, 평범한 아이일 뿐인데요."

라고 답합니다. '영재'라는 이미지는 어쩌면 매스컴이 만들어낸 허상일 수도 있습니다. 매스컴은 '외계인 바이러스'라던가 '스타 왕' 같은 프로그램에 등장하는 사람들처럼 매우 특이한 능력을 보여줘야만 사람들의 시선을 끌 수 있습니다. 그렇기 때문에 특별한 것, 유별난 것, 엽기적인 것을 추구하는 것이 당연합니다. 다소 특별한 능력이 있는 사람이 출연하게 되면 그런 특별함이 돋보이도록 연출도 하고 분장도 시키고 그 사람의 능력을 보다 과장할 수 있는 특별한 상황을 일부러 만들려고 합니다. 그러니 많은 부모들에게는 '영재'라는 말을 쓰기 위해서는 정말 무엇인가 대단해야 한다는 선입견이 들어 있습니다. 그러나 그것은 아닙니다. '영재'라고 하려면 정확히 어떤 것이 있어야 하는지에 대해 시각 교정이 필요합니다. 학자들은 지능 지수가 높은 2% 정도의 사람들을 '영재'로 분류하고, 0.4% 정도 이상이 되면 '고도 영재'로 분류합니다. 대한민국 인구가 5천만 명이라면 100만 명은 영재이고, 20만 명은 '고도 영재' 다시 2만 명 정도는 '초고도 영재'로 분류합니다. 그렇다면 수많은 영재, 고도 영재, 초고도 영재들이 우리들 사이에 숨어있는 것입니다.

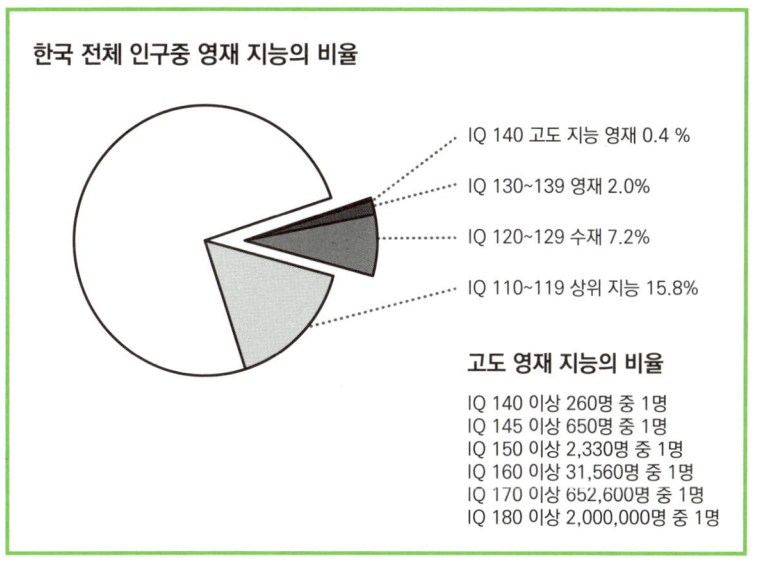

그러니까 우선 자신의 아이가 '영재'라고 판정된다 하더라도 크게 놀랄 일은 아닙니다. 그리고 그것이 무언가를 확실히 보장하거나 어느 정도 이상이라고 자부심을 가질 일도 못됩니다. 하지만 지수가 실제로 상위 2% 이상을 오르내리는 사람들은 무언가 다릅니다. 그리고 거기에는 겉으로 드러난 차이보다 더 많은 이야기가 들어 있습니다. 아이들 속에 들어있는 각자의 잠재성은 상당히 큰 차이가 있다는 것을 인정해야 합니다.

영재 관련 전문 서적에는 영재와 고도 영재, 초고도 영재를 분류하고 그 특성을 나누어 자세히 설명하는 내용이 들어 있습니다. 하지만 국제멘사의 고문심리학자가 설명한 바에 따르면, 영재와 고도 영재, 초고도 영재가 전혀 다르다고 생각하는 것도 편견이 될 수 있다고 합니다.

영재 범위에 속한 사람들은 환경, 교육, 동기 유발, 특별한 조건에 따라서 고도 영재도 초고도 영재도 될 수 있습니다. 따라서 지수 130이라는 것은 상당한 의미를 줄 수 있지만, 그보다 지수가 더 높다고 해서 반드시 더 우수한 사람이라고 확신할 수는 없다고 말합니다. 오히려 지수가 높게 나타날수록 사회적 적응이 더 어려울 수 있습니다. 그렇다고 해서 지수가 높을수록 괴팍하고 외골수의 사람이라고 선입견을 가져서도 안됩니다. 고도 지능이면서도 매우 사회성이 발달한 사람도 있기 때문입니다. 적어도 한 가지는 분명합니다. 지수가 높을수록 어떤 특성이든 상당히 과도하게 나타날 가능성이 높습니다. 그게 부정적이든 긍정적이든 평균적인 사람들보다는 성격이 강하게 나타납니다. 학자들은 그 특성 자체를 '과도성(Intensity)'이라고 표현합니다.

'뭘 해도 지나치다'라고 합니다.

무척 예민한 아이가 될 수도 있고, 반대로 매우 둔감해서 눈치가 없는 것으로 보일 수도 있습니다. 매우 고집이 센 아이들이 많은데 한편으로 지나치게 순응적이고 상대에 대한 배려가 지나쳐서 자기 억제가 지나친 아이도 있습니다. 무언가 몰입하면 옆에 가서 소리를 지르거나 잡아 흔들어야 멀쩡한 얼굴로

"나를 불렀어?"

라고 하는가 하면 아주 작은 바스락거리는 소리에도 짜증을 부리고 정신을 집중하지 못하겠다고 불평을 하는 경우도 있습니다.

대체로 지수 평가는 3~5포인트 정도의 오차는 나타날 수 있다고 합니다. 지수 130이 영재의 기준이라고 한다면 125는 확실히 영재가 아니라고 하기도 애매하고, 120 정도로 평가되었다 하더라도 상당한 지적 능력을 가질 수도 있습니다. 하지만 지수 평가는 상당히 재현성이 높습니다. 여러 번 평가를 하더라도 대체로 그 지수로 평가되며 3~5포인트 정도 밖에는 차이가 나타나지 않습니다. 적어도 만 12세 이후가 되면 지수 평가는 의외로 안정적으로 고정됩니다.

숫자가 절대적인 것은 아닙니다. 하지만 역시 이 지수가 나타내는 의미는 시사점이 큽니다. 지수 130은 더욱 그렇습니다. 3대 전문 직업군으로 분류하는 의사, 변호사, 교수들의 평균 지

수가 정확히 130이 나옵니다. 미국의 경우입니다. 이 이야기를 뒤집어 말하면 적어도 전문 직업인들 중 반 정도는 지능 지수가 130이 되지 못한다는 말이 될 수 있습니다. 실제로는 70% 정도가 130 보다 낮습니다. 그렇다고 해서 많이 낮지는 않습니다. 대체로 123~129 사이에 분포합니다. 30% 정도가 130 이상이며 이들은 확실히 다른 사람들 보다는 적은 양의 학습량으로도 그런 자격을 획득하는 것으로 추정합니다.

Chapter 05

한국의 아이들이 특별히 더 우수하다?

1996년 실시된 두 번의 멘사 입회 테스트는 영국의 본부에서 간사장(Executive Director)으로 일하고 있던 에드 빈센트 씨가 직접 방한해 테스트의 감독을 맡아 주었습니다.

2003년말 런던 멘사 사무실 근처에서 만난 국제 멘사 간사장 에드 빈센트

빈센트 씨는 멘사 테스트를 실시하기 위해 자신은 40여개 국가를 돌아다닌 경험이 있는데, 한국에서처럼 높은 합격률이 나오는 경우는 처음이라고 말했습니다. 1996년 1회와 2회 시험에 각각 150명 정도의 응시자가 있었는데, 100명 정도씩 합격했습니다. 합격률이 67%에 달했으며, 각 시험에서 두 명 정도의 만점자가 나왔습니다. 멘사 입회 시험 만점자가 이렇게 많이 나오는 경우도 처음이었다고 말했습니다. 그리고는

"아마 김치 때문이 아닐까요?"

라며 농담을 했습니다. 필자는 그 이후 관심이 있어서 자료를 찾아보았습니다. 그리고 가끔씩 국제적으로 논란이 일어나기도 해서 텔레비전 뉴스에 불려나가 이에 대한 인터뷰를 한 일도 있었습니다. 정말인가? 한국의 아이들은 정말 더 우수한가?

사실 20~30년 전까지도 국제간 지능 지수 비교는 쉽지 않았습니다. 지능 검사와 지능 지수는 최소한 수천 명의 사람들을 평가해 통계 처리를 하고 지수를 조정해 만들기 때문입니다. 그런데 어떤 사람들을 가지고 통계 자료를 삼느냐에 따라 지수는 달라집니다. 한국 사람들 수천 명을 가지고 자료를 만들어 그 중 평균적인 사람의 지수를 100을 정해야 하기 때문에 누구의 지수가 130이라고 하면 그것은 한국 사람들 중에서 상위 2%라는 의

미가 되는 것이지 국제적으로 보면 어느 수준인지는 가늠할 수가 없게 됩니다. 동일한 검사를 가지고 국제적으로 수만 명을 상대로 평가해보기 전에는 국제간의 지능 지수는 비교할 수가 없습니다. 2000년대 초부터 국제간 지능 지수 비교 자료가 나돌기 시작했습니다. 일반 상식이나 언어를 전혀 사용하지 않는 지능 검사가 개발되어 국제 비교가 가능했기 때문입니다. 인터넷에서 지능 지수 상위 10개국에 대한 자료가 올라와 있어 번역해보았습니다.

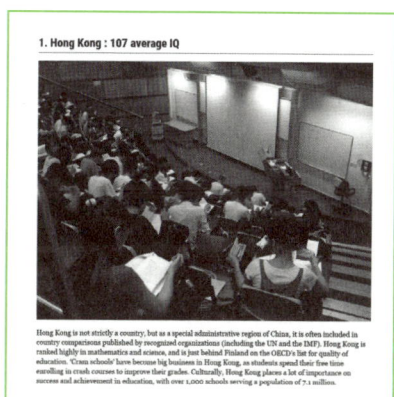

홍콩은 엄격히 나라는 아닙니다. 홍콩은 수학과 과학에서 높은 국제 학업 성취도 랭킹을 보유하는데, 교육의 질에서 핀란드 바로 다음으로 평가됩니다. 학원 사업은 홍콩에서 큰 산업이며, 학생들은 성적을 높이기 위해 자유 시간을 단기 속성 과정에 등록해 공부하는 데 사용합니다. 문화적으로 홍콩은 학업 성취에 큰 의미를 둡니다. 인구 710만 명인데 학교는 천 개가 넘습니다.

1포인트 차이로 2위는 남한입니다. 남한은 인터넷 접속 속도에서 세계 최고이며, 전 세계에서 연구 자료나 정보에 대한 접근성이 가장 뛰어납니다. 남한의 교육 시스템은 많은 찬사를 받고 있긴 하지만, 대단히 경쟁적이고 경직된 구조를 가지고 있습니다. 시험 기간 중의 정점을 보이는 높은 자살률의 원인이라는 지적도 받고 있습니다. 남한에서는 학생들이 하루 14시간 학습 활동을 하는 것이 드문 일이 아닙니다.

기술력과 전자 산업이 발달한 나라인 일본이 높은 평균 지능 지수를 가지고 있다는 것은 그리 놀랄 일도 아닐 것입니다. 도쿄 대학은 아시아 최고의 대학이고 세계 최고 25개 대학에 들어갑니다. 문자 해득률은 99%이며, 싱가포르처럼 빈번하게 과학, 수학의 수월성에서 높은 점수를 획득합니다.

'대만'이라고 불리는 중화민주공화국이 아시아 국가들의 우수한 지능 지수 대열을 이어갑니다. 이 섬나라에서는 교육은 대단히 중요하며, 많은 가정들이 과외 수업에 상당한 비용을 감수합니다. 특히 영어 과외가 성행합니다. 미국은 대만의 최대 교역국이며 언어를 공유한다면 사업상 대단히 유리하기 때문입니다. 대만 학생들은 성공 욕구가 강합니다. 이곳의 경제적인 분위기가 경쟁력에 대한 야망을 부추기고 있습니다. 국제 무역 시장은 계속 확대되고 있기 때문입니다.

5등은 싱가포르며 상위 5위까지가 모두 아시아 국가입니다. 과학과 수학 분야 학업성취도에서 싱가포르는 자주 상위권을 차지합니다. 아주 작은 이 나라는 500만의 인구를 가지고 있지만, 국가총생산은 2700억 달러에 이르며 일 인당 생산량은 52,918달러(미국 52,839달러)에 달합니다. 수출이 수입을 크게 앞서며 그

의미는 이 도시 국가는 대단히 부유하다는 것입니다. 싱가포르의 국가 자산 규모는 독보적입니다. 따라서 교육과 학습 분야를 비롯한 사회 간접 자본에 큰 예산을 투입할 수 있습니다. 싱가포르는 세계은행이 가장 기업하기 좋은 나라로 평가하고 있습니다.

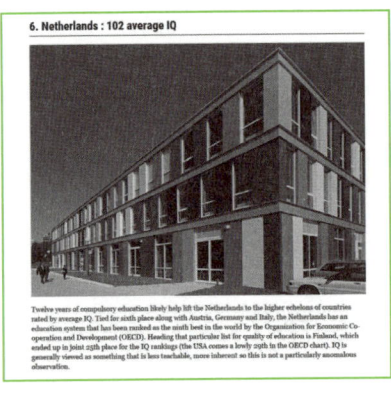

12년의 무상 의무 교육이 네덜란드를 지능 지수 상위 국가로 끌어올리는 데 일조한 것으로 평가됩니다. 오스트리아, 독일, 이탈리아와 동률로 6위입니다. 네덜란드의 교육 시스템은 OECD 국가 중 9위입니다. 교육의 질에 있어 최고 평가를 받는 나라는 핀란드지만 지능 지수 평가로는 25위에 그쳤습니다(미국은 OECD 차트에서 29위). 지능 지수는 교육의 질로 높일 수는 없는 것으로 알려져 있으며 선천적인 요소가 강해서 인위적인 노력으로 바꿀 수는 없다고 보고 있습니다.

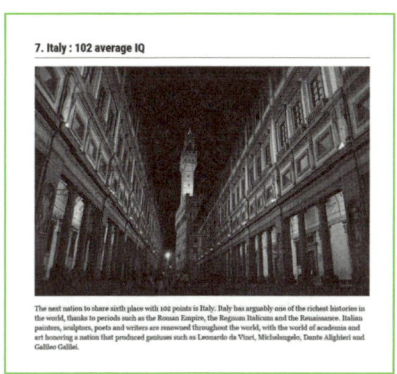

공동 6위 국가로 다음은 이탈리아입니다. 논란이 있긴 하지만 이탈리아는 로마제국, 신성로마제국, 문예부흥으로 이어지는 아주 긴 역사를 가진 나라입니다. 이탈리아가 배출한 화가, 조각가, 시인, 작가 중에는 세계적으로 유명한 사람이 많습니다. 학술과 예술 분야에서 나라를 빛낸 사람들 중 레오나르도 다 빈치, 미켈란젤로, 단테 알리기에리, 갈릴레오 갈릴레이가 특히 유명합니다.

유럽을 선도하는 경제 대국 독일이 공동 6위를 차지하고 있습니다. 독일은 일인당 생산량이 가장 높은 나라들에 속하며 프랑스 영국보다 훨씬 앞서 있습니다. 총 생산량은 3조 4천억 달러에 이릅니다. 가장 오랜 역사와 높은 평가를 받는 대학들이 많습니다. 예를 들어 독일 남서부 지역에 소재한 하이델베르크 대학은 1386년에 설립된 곳으로 55

명의 노벨상 수상자를 배출했고, QS 세계 대학 순위에서 50위를 차지하고 있습니다.

공동 6위의 네 번째 국가는 오스트리아입니다. 공동 순위 국가의 순서는 알파벳 순서로 정했을 뿐입니다. 오스트리아는 아주 작은 내륙 국가이며 독일, 스위스, 이탈리아와 국경을 맞대고 있습니다. 교육은 최소 9년 동안 무상 의무 교육이며 많은 학생들이 상급학교로 진학합니다.

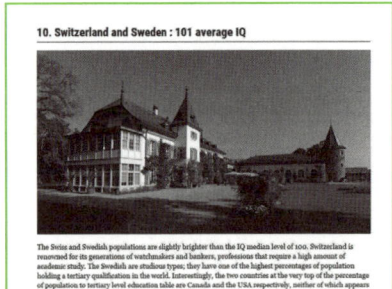

스위스와 스웨덴이 평균 100을 살짝 넘어서 공동 10위입니다. 스위스는 세대를 이어가는 시계 전문 제작자와 은행가, 고학력을 필요로 하는 전문직으로 유명합니다. 스웨덴은 모범생 타입의 국가로 대학 진학률이 가장 높은 나라에 속합니다. 재미있는 것은 대학 진학률이 가장 높은 나라는 캐나다와 미국인데, 두 나라 모두 지능 지수 상위 10개국에 들지 못했습니다.

 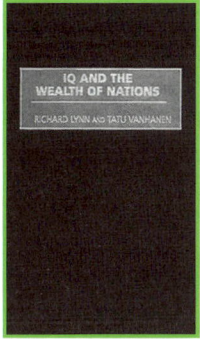

동아시아 경제 발전과 지능 지수에 대한 관계를 연구한
리차드 린과 그의 연구 보고서

Rank	Country	IQ estimate	Rank	Country	IQ estimate
1	Hong Kong	107	19	Mongolia	98
2	South Korea	106	19	Norway	98
3	Japan	105	19	United States	98
4	Taiwan	104	25	Canada	97
5	Singapore	103	25	Czech Republic	97
6	Austria	102	25	Finland	97
6	Germany	102	28	Argentina	96
6	Italy	102	28	Russia	96
6	Netherlands	102	28	Slovakia	96
10	Sweden	101	28	Uruguay	96
10	Switzerland	101	32	Portugal	95
12	Belgium	100	32	Slovenia	95
12	China	100	34	Israel	94
12	New Zealand	100	34	Romania	94
12	United Kingdom	100	36	Bulgaria	93
16	Hungary	99	36	Ireland	93
16	Poland	99	36	Greece	93
16	Spain	99	39	Malaysia	92
19	Australia	98	40	Thailand	91
19	Denmark	98	41	Croatia	90
19	France	98	41	Peru	90
			41	Turkey	90

출처 : 리차드 린, 타투 반하넨, 〈 IQ와 국가의 부(IQ and and the wealth of the nations, Richard Lynn & Tatu Vanhanen)〉, 2000년 기준

Chapter 06

매우 높은 한국의 국가 평균 IQ

  국가 평균이란 것이 엄청난 수의 인구를 대상으로 한 것이기 때문에 1포인트가 가지는 크기가 상당합니다. 통계적으로 정규분포곡선에 6포인트나 위쪽으로 치우치게 되면 상위 고지능자 그룹에서는 매우 큰 파동이 일어나게 됩니다. 즉 한국 아이들의 5% 이상이 국제적으로는 상위 2% 안에 드는 영재가 되어 버리는 결과를 만들어 버립니다. 설마 하는 사람도 있겠지만, 실제로 그렇다는 것을 보여주는 사례가 아주 많습니다. 주변에 있는 외교관이나 코트라 무역관, 대기업의 외국 지사에서 근무한 사람들의 경험을 들어보세요. 이들이 자녀를 데리고 외국에 나가서 경험한 일이 서로 비슷합니다. 이런 사람들이 근무하게 되는 지역은 대체로 그 나라의 수도일 경우가 많고, 그런 곳에서는 자녀들이 국제 학교에 출석하게 됩니다. 한국 학생들은 6개월이나 1

년 정도 외국어를 익히고 나면 대부분 그런 국제 학교의 최상위권의 성적을 올립니다. 그런 국제 학교에 다니는 학생들의 부모들은 나름 각 나라의 엘리트들이고 우수하고 진취적인 사람들일 가능성이 높습니다. 그럼에도 한국 학생들의 학업 경쟁력이 가장 뛰어난 경우가 대부분입니다. 문제는 이런 학생들이 한국으로 귀국하면 한국에서는 이런 아이들도 대학 입학 과정에서 어려움을 겪습니다. 입시 경쟁력이 그다지 높지 못한 경우가 많습니다. 십여 년 전에는 그런 학생들이 많지 않고, 영어 또는 주요 국가 외국어가 뛰어나기 때문에 특별전형을 받아 유수 대학에 입학한 사례가 많지만, 최근에는 워낙 대상자가 많아 그마저도 높은 경쟁률에 시달리게 됩니다.

많은 사례와 자료가 한국 학생들이 매우 높은 지적 잠재력을 가지고 있다는 것을 보여주고 있는데 왜 그럴까요? 한 국가 아동들의 지능 지수를 높이는 요인이란 따지고 보면 그리 어려운 문제가 아닐 수 있습니다. 우선 산모의 건강과 영양 상태, 위생 상태가 결정적입니다. 70~80년대를 거치면서 한국은 기아와 빈곤에서는 확실히 벗어났다고 할 수 있으며, 영아 생존률이나 발육은 이제는 어느 나라에도 뒤지지 않고 오히려 확실히 선진국 대열에 합류했다고 할 수 있습니다. 태교까지는 아니어도 질병, 기아, 전쟁, 자연 재해 같은 것에 시달리지 않는 사회 안전망이 주는 효과는 태아의 건강과 지능에도 직접적인 영향을 줍니다. 대체로 개발도상국의 평균 지능 지수는 매우 낮은 데, 그런 나라일수록 빠르게 평균 지능 지수가 높아지고 있습니다. 약간의 소득 증가나 사회적 기반이 조금만 개선되어도 상당한 효과를 나타냅니다. 풍토병 같은 것도 태아의 지능에 직접적인 악영향을 끼칩니다. 산모가 제대로 영양을 공급받지 못하고 학대나 잔혹 행위에 노출되는 것도 마찬가지입니다.

평균 지능 지수가 지속적으로 높아지고 있는 것은 전 세계적인 현상입니다. 선진국에서도 개발도상국처럼 빠르지는 않지만 평균 지능 지수는 계속 높아지고 있습니다. 뉴질랜드의 사회학자 플린이 조사한 바에 따르면 세계 평균 지능 지수는 10년에 3포인트 정도 상승하고 있습니다. 선진국도 조금 느리게, 개발도상국은 더 빠르게 올라가고 있습니다. 문제는 한국과 동아시아 경제 발전국가들은 이미 선진국이며 평균 지능 지수가 이미 높은

수준임에도 지속적으로 빠르게 더 올라간다는 점입니다. 선진국에서도 평균 지능 지수가 올라가는 이유는 무엇일까요? 그 원인도 따져 보면 그렇게 어려운 것이 아닙니다. 영상 매체가 빠르게 발전함에 따라 지식과 정보의 유통은 더욱 빨라지고 있고, 부모들의 학력과 지식 수준도 계속 올라가고 있으며, 선진국의 아이들은 어린 시절부터 첨단 전자 기기에 노출되고 있고, 그런 복잡한 기기를 조작하는 과정을 통해 끊임없이 지적 자극을 받고 있습니다. 영유아의 지적 발달을 촉진하는 교재와 교구 개발도 무시할 수 없습니다. 실제로 한 세대 전에 비해 출판물의 질과 양은 놀라울 만큼 좋아져 있습니다. 장난감과 교구도 구분하기 어려울 만큼 흥미를 자극하고 지적 활동을 촉진합니다.

플린 이펙트를 발견한 뉴질랜드 정치사회학자 플린
(James R. Flynn)

그럼에도 불구하고 한국은 더욱 빠릅니다. 한국의 경우는 한글이란 문자가 주는 영향이 큽니다. 한국에서는 만 3세 아이가 문자를 해득하는 경우가 드물지 않습니다. 그리고 점점 많아지고 있습니다. 심지어 만 10개월의 아이가 문자를 깨우치는 경우도 있습니다. 다소 늦은 아이도 초등학교 입학 이전에 문자를 터득합니다. 일단 한 가지 문자를 깨우치게 되면 그 이전과 이후에 지식과 정보를 받아들이는 속도는 크게 차이가 납니다. 이렇게 빠른 문자 해독은 다른 나라에서는 찾아보기 어렵습니다. 문자를 알게 되면 자연스럽게 독서의 양이 늘어나게 되는데, 어느 정도 지나면 아이들은 누군가 읽어주는 것보다는 자신이 눈으로 읽어내는 속도가 훨씬 빠르다는 것을 깨닫게 되고, 책을 스스로 읽기 시작하게 됩니다. 이런 것을 '독서 독립'이라고 부릅니다. 미국 아이들의 경우 평균적인 독서 독립 나이를 대체로 초등학교 3~4학년으로 봅니다. 그 이전에는 부모가 아이를 재우기 위해 한두 권의 그림책을 읽어 주는 것이 단란한 가정의 모범이라고 생각합니다.

세종대왕과 훈민정음

Chapter 07

오늘날까지 영향을 주는 한글의 위력

한국 아이들의 문자 해득과 독서 독립이 단연 빠른 것은 '한글' 때문입니다. 한글은 다른 나라 문자와는 태생이 다릅니다. 대부분 나라의 문자는 오랜 세월, 사람들의 관습과 전통을 통해 서서히 형성되어 만들었고 서양은 그리스 문자, 로마 문자를 변형하여 만들고, 동양은 중국 한자를 기본으로 문자가 만들어졌습니다. 그러나 한글은 과학자가 과학적인 연구 과정을 통해 만들어 낸 것입니다. 자음과 모음의 형태 자체가 아예 다르고 조립해 수많은 음을 표시할 수 있는 문자 구조는 세상 어디에도 없습니다. 아무런 선입견이 없는 어린 아이가 문자를 접하게 될 때, 어느 나라 문자보다 한글이 배우기가 쉽습니다. 자음 서너 개, 모음 두세 개만 깨우치고 나면 더듬더듬 읽기 시작할 수가 있고, 대체로 문자에 눈을 뜬지 2~3주면 익히게 됩니다. 다소 복잡한 글자

몇 개를 어른들에게 물어 보고 나면 어느새 모든 글자를 읽을 수가 있게 됩니다. 외국인들에게 한글을 가르쳐 보아도, 상대가 흥미를 가지고 호기심만 느낀다면, 2~3시간이면 읽을 수 있게 만들 수 있으며, 머리가 좋은 친구들은 10~20분 설명만으로도 읽는 것은 가능해집니다.

 세종대왕은 600년 전에 해놓은 업적으로 21세기의 우리에게까지 큰 영향력을 끼치고 있는 셈입니다. 동아시아 국가의 높은 지능 지수가 빠른 경제 발전을 일으킨 원인인지, 반대로 경제 발전이 이들 국가의 높은 평균 지능 지수를 만들어 낸 것인지 판단하는 일은 어렵습니다. 어떤 이는 한자 문화권이 가지는 독특한 문화를 원인이라고 주장합니다. 서양에서의 귀족이란 말 타고 칼과 창을 잘 쓰는 자들인 반면, 동양 특히 동아시아에서는 아주 오래 전부터 중앙 집권제가 자리를 잡아 고전에 해박하고 글을 잘 쓰는 선비들을 관료로 등용하는 전통이 있었습니다. 그런 역사적 배경 때문에 학문적인 수월성을 체력이나 무력 사용보다는 우위에 두었고 그렇기 때문에 동아시아 국가의 지능 지수가 그렇게 높다는 것입니다.

Chapter
08

지능 지수가 뜻하는 것은 과연 무엇인가?

　부모들은 지금이라도 자신의 자녀를 보는 눈을 달리 해야 합니다. 이 아이들 중에는 숨겨진 영재들이 많습니다. 아주 많습니다. 한국의 아이들이 전반적으로 우수하기 때문에 우리 아이가 그다지 두드러져 보이지 않을 수 있습니다. 그리고 아주 우수한 아이들이라고 하더라도 갈고 닦기 전에는 반짝거리지 않습니다. 많은 부모들이 어떤 때는 아이가 확실히 똑똑해보인다는 표현을 자주 합니다. 계곡을 흐르는 물도 때로는 땅 밑으로 흘러 들어가 수맥이 끊긴 것처럼 보일 수 있습니다. 밝은 태양도 구름에 가려져 낮도 밤처럼 어두워질 수 있습니다. 그러나 그렇다고 해서 흐르는 계곡 물이 바다로 가지 못하는 것도 아니고, 태양이 사라진 것도 아닙니다. 아이들의 영재성도 마찬가지입니다. 언뜻 모습을 드러낸다는 것은 분명히 있다는 것입니다. 그런 영재성이 언제나 반짝반짝 빛나는 것은 아닙니다. 아이들이 성장할 때도 일정한 속도로 자라는 것이 아닙니다. 대체로 급속히 성장하는 기간과 성장이 정체하는 기간이 교대로 나타납니다. 잠시 정체하는 기간 동안 아이가 성장을 멈춘 것이 아닙니다. 대개의 경우는 안에서 숙성되고 있는 것입니다. 숙성 과정이 필요하기 때문에 잠시 성장이 멈춘 것으로 보이는 것입니다.

인간이 가진 잠재력의 크기는 얼마나 큰 것일까요? 인간의 지적 잠재력은 옛날 사람들이나 학자들이 생각했던 것보다 확실히 큽니다. 뉴턴의 수학 원리는 유클리드의 기하학 원론 이후 3000년이나 지나서 발견되었으며, 뉴턴 시대에는 미적분 개념을 이해할 수 있는 사람은 최고의 학자들 중 몇명 되지 않았겠지만 지금은 어지간한 선진국의 고등학교까지 졸업한 사람들이라면 한 번은 미적분 교육을 받아야 하는 것처럼 취급되고 있습니다. 멘사 회원 중에는 수십 년 전 어릴 때의 기억을 마치 어제 있었던 일처럼 생생하게 기억하며 자세히 이야기하는 사람도 있습니다. 그런 사람들에 머릿속에는 과연 얼마나 많은 이야기와 정보가 담겨 있을 것인가? 생각해보면 가장 최신의 컴퓨터라도 인간의 머리가 가진 정신세계 안에 담긴 것들을 담아내기 어렵다는 것을 느낄 수 있습니다.

그랬다고 해서 모든 아이들이 영재인 것은 아닙니다. 모든 아이들을 숨겨진 잠재력을 가진 존재라고 믿고, 그 가능성을 개발해주기 위해 노력해야 할 것이긴 하지만, 모든 아이들이 똑같은 잠재력을 가진 것은 아닙니다. 아이들 중에는 대단히 특별한 아이들이 실제로 있는 것입니다. 그리고 보다 빠르게 지적 능력을 개발하고 쉽게 능력을 확장할 수 있는 아이들이 있습니다. 그런 잠재력의 크기를 평가하는 방법은 이미 잘 확립되어 있습니다. 그런데 몇 가지 고려할 것들이 있습니다.

> **Tip 지능 지수에 대한 오해와 진실**
>
> · 지능 지수가 절대적은 아니지만 반대로 숫자에 불과한 것은 아닙니다.
>
> · 지능 지수가 분명히 말해주는 것과 분명하지 않은 것이 있습니다.
>
> · 지능 지수 평가도 적정한 나이가 있습니다.
>
> · 지능 지수의 의미를 잘 아는 사람의 설명이 필요합니다.
>
> · 지능 지수와 아이의 행동 특성이 일관성 있게 이해가 되어야 합니다.

Chapter
09

지능 지수는 어떻게 만들어졌는가?

사람들은 지능 지수에 대해서 불신을 가지기도 하고, 호기심을 가지기도 하고, 막연한 환상을 가지기도 합니다. 아인슈타인 같은 대학자의 지능 지수가 얼마일 것이라는 이야기도 흔히 듣고, 놀라운 능력을 보이는 신동과 관련하여 지능 지수를 잘못 사용하기도 합니다.

프랑스 심리학자 알프레드 비네
(Alfred Binet 1857~1911)

처음 지능 지수를 만든 프랑스의 비네 박사는 육체적인 나이와 정신적인 발달 정도를 비교하는 비율로 제시했습니다. 비네 검사에 관련된 자세한 이야기는 Part 04에 실려 있습니다.

지능 지수와 학업성취도 관계란?

지능 지수와 지능 검사는 이미 백년이 넘는 역사를 가집니다. 따라서 비교적 이론이 잘 정립되어 있고, 학술적인 근거와 통계 자료도 풍부한 편입니다. 지능 지수는 기본적으로 아이들이 가진 지적 잠재력의 크기를 상대적으로 평가해 줍니다. 지수가 절대적인 기준이 되는 것은 아니지만, 학업 성취도와는 대단히 관계가 깊습니다. 결과적으로 학업성취도를 중시하는 국가에서는 지능 검사와 지능 지수는 광범위하게 사용되고 있습니다. 물론 우리나라도 지능 검사를 많이 실시하는 나라입니다.

지능 지수는 중장기적으로는 아이들의 학업성취도를 예상하게 해줍니다. 학업성취도와 지능 지수 사이에는 밀접한 관계가 있으며, 다른 어떤 지표보다 그 상관계수가 높습니다. 이론적으로 두 가지 지표가 아주 똑같은 상황이 된다면 상관계수는 1이 됩니다. 반대로 전혀 서로 관계가 없다면 상관계수는 0이 됩니다. 예를 들어, 사지선다형 문제에서 눈을 가리고 무작위로 선택한 답안지로 점수를 매기고 그 학생들의 신장을 통계적으로 처리한다면 상관계수가 0이 될 것입니다. 반면 학생들의 신장과 체중 혹은 앉은키를 가지고 상관계수를 산출한다면 상관계수가 상당히 높아서 거의 1이 될 것입니다. 물론 상관계수 1이나 0은 이론적인 것으로 현실적인 수치가 되지 못합니다. 대체로 0.8 이상이 되면 두 가지 사이에 정비례 관계가 있다고 봅니다. 학업성취도 그 중에서도 고등학교 졸업자의 수학능력 시험 점수와 같은 것은 지능 지수와 높은 상관계수가 나타납니다. 자료에 따라 다르지만 0.8 이상이 됩니다.

초등학교의 성적은 대체로 엄마들의 열성으로 관리가 됩니다. 중학교 성적은 학생 본인의 성적에 대한 열의, 반복 학습의 시간과 강도에 따라 성취가 가능합니다. 하지만 고등학교 이상의 성적은 지능 지수와의 관계가 절대적입니다. 많은 경우 학생과 학부모들은 과외 수업에 대해 착시 현상을 느낍니다. 초등학교 시절 부모의 통제 속에서 반복 학습과 강력한 동기 부여를 통해 높은 학업 성적을 경험한 그룹은 과외가 가지는 강점과 효과에 대해 맹신할 수 있습니다.

지능 지수와 학업 성취도에 그런 강력한 상관관계가 있다면 과외 수업, 선행학습, 조기 교육과 같은 것은 생각보다는 큰 효과가 없다는 것을 암시합니다. 학생이 어릴수록 그런 과외로 큰 성과를 내지만, 나이가 들고 고학년이 되고 상급 학교로 진학할수록 이런 학습 효과는 감소하고 아이들은 점차 자기 지능 지수에 비례하는 점수로 접근해 간다. 과외 수업이 효과가 없다고는 단정하지 못하지만, 그런 수업의 효과는 일시적이고 잠정적입니다. 학원 운영자나 과외 교사, 심지어 영재교육원 담당자라면 대단히 분개할 만한 주장입니다.

 그리고 그런 주장을 부정할 수 있는 사례를 수도 없이 제시하게 될 것입니다. 그러나 지능 지수와 학업성취도의 상관계수가 높다는 것을 부정하는 논문이나 연구 사례는 단 하나도 없습니다. 그리고 둘 사이의 상관계수가 높다는 것의 의미는 분명합니다.

 머리가 좋은 아이들은 대체로 학습을 좋아하거나 쉽게 소화하며 그런 아이들이 상급학교로 갈수록 쉽게 어려운 과제나 문제에 대한 이해도가 높으며, 점차로 높은 학업 성적을 얻게 된다는 것입니다. 그것은 상식적으로 볼 때도 너무도 당연한 주장입니다.

토끼와 거북이의 우화

'토끼와 거북이' 우화는 사람들이 대단히 좋아하는 이야기입니다. 누가 보더라도 당연한 승부였으나 역전승이 일어난 것입니다. 교만한 토끼가 자기의 재주를 믿다가 절대적으로 유리한 승부에서 망신을 당합니다. 그러나 실제 상황은 우화와는 다릅니다. 토끼와 토끼가 경주

하며, 거북이들은 거북이와 경주를 합니다. 잠시 잠깐 게으름을 피우지만, 학업 경쟁은 마라톤과 같고, 일시적인 기복은 있지만, 머리로 하는 경쟁에서는 선천적인 지적 능력의 차이는 결정적입니다. 무엇보다도 머리가 좋은 아이들은 머리를 쓰는 활동이나 경쟁을 즐기는 경향이 있습니다. 상대적으로 그런 능력이 부족한 아이들은 그런 경쟁 자체를 기피하는 경향이 있습니다.

'모든 아이들은 영재입니다'라는 주장을 하는 사람들이 적지 않습니다. 그분들이 이야기 하고 싶은 것에 대해서는 100% 동의합니다. 어떤 아이라도 많은 잠재력을 가지고 있는 만큼 미리 그 아이가 어떤 수준에 도달하지 못할 것이라고 예단해서는 안됩니다. 모든 아이들은 어느 정도 노력과 열정으로 어느 수준에까지 갈 수 있는 것입니다. 어떤 학생도 자신의 능력의 한계를 미리 정해 놓고 그 이상을 불가능한 것이라고 예단하고 포기해서는 안됩니다.

하지만 아이들 사이에 능력의 차이가 있다는 것은 분명합니다. 그걸 부정해서는 안됩니다. 아이들 사이의 능력 중에서도 지적 잠재력의 크기는 대단히 큽니다. 지적 능력을 키워나가는 속도 차이가 큽니다. 학문 분야에서 일하게 되거나 전문 지식인이 될 사람이라면 되도록 그런 사람이 노력하는 것이 사회적인 효율이 높아지고 인적 자원의 효과적인 활용이 될 것입니다. 되도록 지적 능력이 발달한 사람이 사회 지도자가 되는 것이 좋을 것입니다.

지능 지수는 잠재력을 발견하는 소중한 기회

지능 지수는 아이의 지적 능력 자체를 평가하는 것이 아니라 잠재력을 평가하는 것입니다. 따라서 나이와 그 나이에 개발되어 있는 지적 능력과의 비교를 통해 얼마나 빨리 지적으로 성장했는지를 평가합니다. 그리고 그런 속도를 가늠하여 그 아이가 얼마나 높은 수준까지 발전할 수 있는지를 평가해 봅니다.

어떤 아이가 좋은 환경에서 자라고, 지적인 자극과 동기 유발을 잘 받아서 빨리 성장했기 때문에 상대적으로 높은 지능 지수로 평가될 수 있을까요?

지능 검사 개발자들은 그런 경우라도 잠재력 평가는 아이가 현재 가지고 있는 지식의 양이나 폭을 평가하지 않도록 지능 검사를 설계해 놓았습니다. 물론 환경과 일시적인 조기 학습의 영향이 전혀 없다고 단정적으로 말하기는 어렵습니다. 그러나 지능 검사가 가진 여러가지 장치들은 그런 영향을 받지 않도록 조심스럽게 준비된 것입니다.

반대로 지능 검사가 제시하는 여러가지 조건에 잘 맞지 않아서 아이가 저평가될 수 있을까요?

나이가 어릴수록 그럴 가능성이 높습니다. 낯선 어른 앞에서 아이가 자신이 가진 능력을 평가받는 것은 대단히 낯설고 긴장을 유발하는 상황입니다. 따라서 너무 어린 나이에 지능 평가를 권하고 싶지는 않습니다. 아이가 가진 잠재력이 발휘되기 위해서는 친근하고 우호적인 느낌 속에서 좋은 기분을 유지해야 합니다. 지능 평가 전문가는 그래서 처음 본 아이라도 친근감을 가질 수 있도록 교육을 받고 경험을 가지도록 하고 있습니다. 전문가들은 이런 것을 '라포를 형성한다'고 표현합니다. '라포'는 'rapport'를 말하는데, '마음의 연대'라는 뜻으로 서로의 마음이 연결된 상태, 서로 마음이 통하는 상태입니다. 호감과 신뢰감이 생기고 자신의 내부에 들어있는 것을 쉽게 이야기할 수 있게 한다는 뜻입니다. 감수성이 예민한 아이들은 자신의 지적 능력을 모르는 남 앞에서 평가 받는 것을 꺼려하거나 거부감을 느낄 수 있습니다. 어린 아이의 지능 평가는 반드시 본인이 원할 때, 자신의 능력에 대해 자신도 호기심을 강하게 느낄 때 실시하는 것을 권하고 싶습니다. 아이가 거부감을 느끼고 검사 진행에 대해 의아한 느낌을 가질 때는 전문가의 경험이 많아도 아이의 잠재력을 충분히 끌어내기 어렵습니다.

높은 지능 지수 평가를 받았다고 합시다. 그러면 이제부터 무엇을 할 것인가? 아이의 잠재력이 크고, 학습 능력을 발달시키는 속도가 높다고 평가되었다고 합시다. 그러면 아이를 방치하더라도 시기가 되면 자신의 능력을 충분히 발달시키게 될 것이니 '행운의 별'을 타고난 아이라고 기뻐하면서 장차 아이의 학습경쟁력을 위한 노력이 없어도 된다고 믿고 편한 마음을 가질 수 있을까요? 그렇지 않습니다. 오히려 그 반대가 됩니다. 기대도 예상도 못한 상태에서 우리 아이가 '영재'라니, 이 아이를 어떻게 양육해야 될 것인가? 라는 커다란 당혹감과 부담감이 엄습하게 됩니다.

문제는 지능 평가자는 이런 당혹감, 부담감에 대해 아무런 적절한 도움말을 주지 않는 경우가 많다는 것입니다. 우리나라의 경우, 사설영재원에서 지능 평가를 받는 경우가 상당히 많습니다. 사설영재원의 대답은 대체로 영재 교육 전문가들이 모여 있는 자신들 기관에 아이를 맡기면 된다는 '정해진 답'을 하게 됩니다. 사정을 모르는 사람들은 '그럼 됐네, 우리는 그러고 싶어도 할 수 없는데 그 집은 복 터졌네!'라고 반응을 보이겠지만, 당사자들은 그런다고 문제가 해결되지 않습니다.

지능 지수 평가가 맞고 아이가 영재가 맞다면, 이 아이에게 요구되는 지적인 필요는 영재원이 제공하는 1주일에 한 번 정도

2~3시간의 학습으로 충족되는 것이 아닙니다. 영재라면 이 아이는 하루 24시간, 일주일에 7일, 1년에 365일 동안 영재인 것입니다. 1주일의 두세 시간 이외의 모든 시간 동안은 영재성이 잠재되어 가만히 일상적인 생활 속에서 얌전히 적응하는 것이 아닙니다.

우리가 매일 식사를 통해 일정한 양의 영양분을 공급받아야 하는 것과 마찬가지로 아이들은 매일 일정량의 새로운 지식을 공급받고 지적인 충족감을 느껴야 합니다. 그래야 건강하게 성장하며 아이들의 잠재 능력이 충분히 개발해 자신에게 걸맞은 능력을 발휘할 수 있습니다. 성장하게 되면 자신에게 적합한 직업과 일정한 수준 이상의 지위를 얻어야 합니다. 지적 능력이 충만한데도 불구하고 자신보다 상대적으로 낮은 지적 능력을 가진 사람의 통제를 받는 상황은 누구에게도 도움이 되지 않습니다. 이 아이에게 필요한 수준의 정당한 대우와 합리성, 자신의 능력을 발휘할 기회가 제공되지 않으면 이 아이는 장차 비사회적인 인물이 될 위험성이 있습니다. 도가 지나치면 반사회적 인물이 되어 사회에 큰 해악을 끼칠 수도 있게 됩니다. 그것이 자신의 자녀라면 그런 여러가지 압박감과 부담은 상당합니다. 아이의 잠재력이 크고 두드러질수록 그런 마음의 부담은 점점 더 커지며 감당하기 어려울 만큼 부담스러워집니다.

많은 부모들이 지능 평가 이후 결과지를 받을 때, 가장 기본적인 설명조차도 듣지 못했다고 말합니다. 동작성 지능과 언어성 지능이 무엇인지, 어떤 의미가 있는지, 두 지능 지수 사이에 편차가 크게 있다면 그 의미는 무엇인지 설명이 필요합니다. 결국 한참을 돌고 돌아, 묻고 물어 필자에게 찾아오는 부모들이 끊임없이 이어집니다.

지능 지수 평가가 이뤄지고 나면 우선 확인해야 될 것은 이 평가가 아이가 가진 잠재력을 충분히 반영한 것인지를 확인할 필요가 있습니다. 검사에 순응하지 않는 아이들이 적지 않습니다. 아이 입장에서 시험을 평가받는 자체가 스트레스를 일으킬 수 있습니다. 물론 모든 아이들이 그런 것은 아닙니다. 자아 의식이 아주 빨리 형성되는 아이들은 검사에 대해 거부감을 느낄 수 있습니다. 검사가 잘 이루어졌는지 확인하려면 피검사자 아동이 검사 과정 자체를 흥미를 가지고 즐겼는지를 살펴봐야 합니다. 특히 고도 영재들은 검사 자체에 대해 심리적인 거부감을 표시하는 경우가 적지 않습니다. 거칠게 표현한다면

'왜 내가 저 사람한테 내가 얼마나 똑똑한지를 평가받아야 한다는 거야?'라는 심리를 노골적으로 혹은 암시적으로 나타냅니다.

'저 따위 유치한 검사로 나를 평가해 보겠다는 거야?'

어린 아이가 어떻게 그런 생각을 할 수 있는지 생각할 수도 있습니다. 하지만 고도 영재는 어른들이 기대하는 것보다 훨씬 어린 나이에도 자아 의식이 강하게 형성됩니다.

'자아 의식'이란 무엇일까요?

쉽게 풀어 보면 남과 나를 구별하는 것입니다. 남이 나를 바라보는 시각을 자기 원하는 대로 만들려고 하는 것입니다. 아주 어린 아이라도 자신이 사랑받고 있는지 호감을 받고 있는 상황과 적대적이거나 무시당하는 것을 본능적으로 구별할 수 있습니다. 그런데 일반적인 상식과는 다르게 그런 자아 의식이 아주 빠르게 형성되는 아이들이 있습니다. 만 2~3세 미만의 영아임에도 자신과 타인을 명확하게 구분하고 그런 남의 시선에 대해 불만을 표시하거나 반응하는 경우가 있습니다.

지능 지수 평가는 언제해야 할까

만 12세 이하의 어린 아이를 대상으로 유난스럽게 지능 검사까지 받으려고 하는 경우는 흔한 것이 아닙니다. 그런 노력을 하게 될 때까지 그럴 만한 이유가 있기 마련입니다. 실제로 많은 부모들이 지능 검사를 받아보라는 여러 번의 권유를 받아도 선뜻 응하지 않습니다. 지능 검사나 지능 지수에 대한 불신이 분명히 있습니다. 또 두려움도 있습니다. 대개 어린 나이에 지능 검사를 받게 되는 경우는 무언가 문제가 발생했기 때문입니다. 똘똘한 아이였는데 유치원이나 초등학교 같은 집단 교육이 이뤄지는 교육 기관에서 생활하기 시작하면서 어려움을 겪는 일이 생길 수 있습니다. 이해하기 어려운 문제가 연달아 생긴 결과, 아이에게 그동안 몰랐던 심각한 정신 심리적인 문제가 있는지 점검하기 위해 검사를 받는 경우가 대부분입니다.

그런 아이라면 지적 특성이 아주 강해서 전문가들이 분류하는 영재 수준(상위 2%)일 가능성이 무척 높습니다. 그런 아이들은 어린 나이에 자아 의식이 강하게 형성될 가능성 역시 높습니다. 그런 경우에는 검사에 대한 거부감이 일어날 가능성 역시 고려해야 합니다. 더욱이 병원에서 검사를 받는 경우에는 묘한 생각이 들 수도 있습니다. 아이의 심리적 지적 특성이 아니라 문제나 장애가 있는지 검사하는 것 같은 분위기가 만들어집니다. 잠깐 생각해 보아도 당연한 일입니다.

이런 아이일수록 검사 이전에 그 검사의 목적이 무엇인지 그리고 그것이 어떤 의미를 가질 지에 대해 자세히 설명을 해주는 것이 도움이 됩니다. 어떤 이유로 그런 설명이 충분하지 않거나, 설명을 이해하긴 하지만 여전히 검사에 거부감을 떨치기 어려워한다면 그 검사 결과는 불완전하게 됩니다. 아이의 잠재력을 충분히 측정하지 못한 것이 될 수 있습니다. 아이의 잠재력의 크기를 저평가하는 것이 될 수밖에 없습니다. 이런 경우라면 오히려 만 12세 전후에 본인이 충분히 자신의 정서와 감정을 통제할 수 있을 때 다시 평가해 보기를 권합니다. 만 12세가 되면 설령 검사에 대한 거부감이 있다 하더라도 해결할 수 있는 문제를 일부러 거부하거나 고의로 오답을 내지는 않습니다. 12세 이상의 연령에서는 검사의 재현성도 높아지기 때문에 비교적 정확한 측정이 됩니다.

지능 지수의 의미에 대한 해석

지능 지수가 의미하는 것은 그 사람의 지적인 잠재력의 크기를 평가하는 것입니다. 현재 이 사람이 가진 지적인 능력의 크기를 평가하는 것이 아닙니다. 실제로는 지적 능력을 평가하지만 그 사람의 나이와 비교해 얼마나 빨리 발달되었는지를 평가해 향후 얼마나 더 발전해 어떤 수준까지 갈 것인지 평가하는 것입니다. 따라서 두 아이가 현재 같은 능력을 발휘한다 하더라도 나이가 많은 쪽 아이의 지수 평가는 낮아집니다. 평가기준표를 보면 평가 항목마다 나이에 따라 점차 기준이 올라가는 것은 분명하지만 정비례하지는 않습니다. 각 항목마다 능력이 그 정점에 접근하는 나이가 다르기 때문입니다. 요약하면 결국 최소한 수천 명의 대상자를 평가한 다음 통계적으로 처리해 지수를 결정하게 됩니다.

우리나라에는 웩슬러 검사가 일찍부터 들어와서 정착했고, 국내 아동들을 대상으로 체계적인 기준이 조사 적용되어 정비가 잘 되어 있습니다. 웩슬러 검사는 대체로 10년 주기로 개정판이 나오고 있습니다. 웩슬러 검사는 유아용(WIPPSI) 아동용(WISC) 성인용(WAIS)으로 세 가지가 있고 수요는 유아용과 아동용이 많으므로 국내 학자들이 국내 통계 작업을 해서 한글판을 완성해 한글판이 출판되어 있습니다. 이런 한글판에는 K글자를 붙여 K-WIPPSI, K-WISC로 불리기도 합니다. 2012년에 아동용 웩슬러 4(K-WISC IV)가 출판되었습니다. 유아용은 2015년에 출시되었습니다.

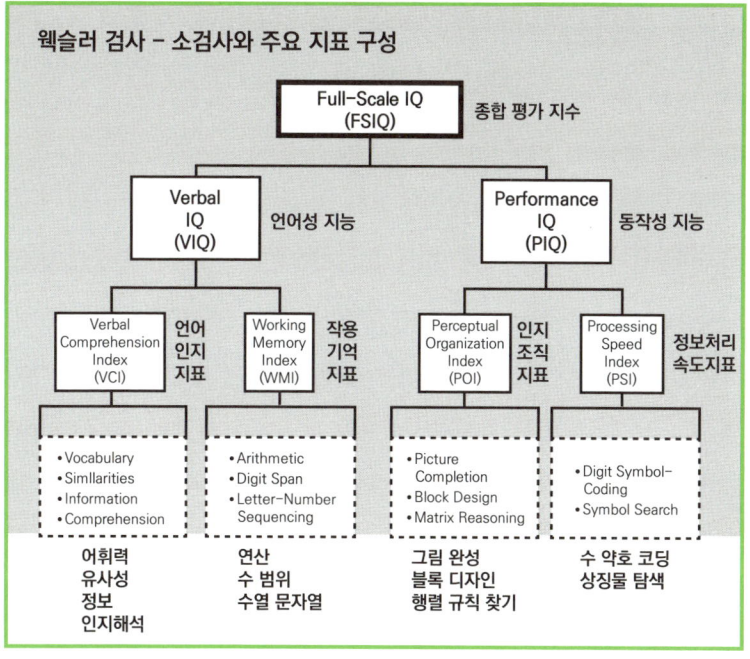

웩슬러 검사의 장점은 다양한 형태의 소검사로 구성되어 있다는 점입니다. 아동용(WISC)을 잠시 살펴보면, 10개의 소검사가 기본이고, 피검자가 잘 반응하지 못하면 대체할 수 있는 5개의 소검사가 예비로 준비되어 있어 영역별로 대체할 수 있게 되어 있습니다. 결국 평가는 10개의 소검사 결과로 평가하게 되는 데, WISC 3판의 경우, 5가지를 묶어 언어성 지능, 나머지 5개를 묶어 동작성 지능이라고 부릅니다.

언어성 지능이라 해서 모두 언어에만 작용하는 지능이라고 해석해서는 안됩니다. 크게 보아 다른 사람과의 의사소통과 관련된 영역으로 이해해야 합니다. 상대적으로 동작성 지능은 자기 머릿속에서 정보를 처리하고 분석하는 능력과 관련되어 있습니다. 종합 평가 지수가 130이 넘는 사람은 통계적으로는 상위 2.3%가 됩니다. 이런 사람들을 학술적으로는 '영재'라고 분류합니다. 이런 영재들의 경우, 동작성 지능과 언어성 지능 두 가지 지수 사이에 편차가 크게 벌어지는 경우가 대부분입니다. 130이 넘는 아이들 중에서 두 가지가 같은 지수로 평가되는 경우가 오히려 드뭅니다. 그것은 어쩌면 당연한 결과일 수도 있습니다. 지수가 높은 쪽으로 갈수록 그런 아이의 수가 빠르게 줄어들어서 문제 하나 두 개를 더 맞추느냐 덜 맞추느냐 차이로 지수에서 큰 차이가 날 수 있기 때문입니다. 평가자들 일부는 두 가지 지수의 차이가 크다는 것을 '아이가 불균형하게 발달한 것 같다'고 해석해 주기도 합니다. 그러나 한쪽이 유난히 높게 나와서 20~30포인트 이상 차이가 나는 것과 평균적인 지수에서 20~30포인트 차이가 나는 것은 엄연히 의미가 다릅니다.

지능 지수가 높은 아이들의 경우, 두 지수의 차이는 나이가 들면서 점차 좁혀지는 경우가 많습니다. 그 차이가 아주 큰 경우라면 아주 빠르게 그 차이가 들어드는 사례를 흔히 발견할 수 있습니다. 이 책이 전문적인 학자들을 위한 책이라면 이런 경향을 함부로 쓸 수 없습니다. 상당히 많은 자료를 축적해 신중하게 이론을 제시해야 할 것입니다. 단지 필자가 검사한 아동들은 대체로 영재 수준(130 이상)의 아이들이 많은데, 그 아이들의 경우는 대부분 두 지수의 편차가 매우 컸다는 것을 말할 수 있습니다. 이 책에서는 그런 편차가 어떤 의미인지에 대해서 비교적 자유롭게 의견을 제시해볼 수 있습니다.

두 지수의 차이가 큰 경우, 높은 쪽을 그 아이의 잠재력으로 보는 것이 타당합니다. 대체로 나이가 들면, 낮은 쪽이 높은 쪽으로 접근하는 경우가 많습니다. 대개의 경우, 어떤 인위적인 학습이나 훈련이 필요한 것으로 보이지는 않습니다. 특별한 교육을 받지 않은 경우에도 지적 특성이 강한 아이들은 주변 사물로부터 끊임없이 지적 자극을 받습니다. 대체로 그런 경향이 뚜렷합니다. 따라서 결국은 일정한 나이(보통 만 12세 전후)가 되면 두 가지 특성이 다 높게 평가되는 경우가 많습니다.

웩슬러 4가 발표되면서 오히려 한 걸음 더 나아갔다는 것을 확인할 수 있습니다. 웩슬러 4에서는 동작성과 언어성 지능을 더욱 세분하여 네 가지 카테고리로 지수를 제시하고 있습니다. 언어성 지능을 언어 인지, 동작 기억으로 나누고(언어성 지능 = 언어 인지 + 동작 기억), 동작성 지능을 인지 조직(논리 추론), 정보 처리 속도로 나눕니다. 이에 대한 해석(동작성 지능 = 논리 추론 + 처리 속도)도 마찬가지입니다. 네 가지 지표 중 가장 높은 지수를 그 아이의 잠재 능력으로 보고, 대체로 나이가 들면서, 다른 능력들이 점차 잠재 지능 쪽으로 접근해 갈 것으로 기대할 수 있습니다.

멘사에서 30년간 사용했던, 레이븐스 매트릭스나 2009년경부터 사용하는 FRT는 웩슬러 소검사 중 인지 조직 혹은 논리 추론 능력을 평가하는 행렬 규칙 찾기와 평가 방식이 동일합니다. 재미있는 것은 웩슬러 검사에서는 10개 중 하나일 뿐이지만 이 한 가지 평가로 산출된 지능 지수도 다른 지능 검사 결과와 상당히 비슷한 결과가 나온다는 점입니다. 지능 검사가 수십 가지가 있는 만큼 지능 지수도 여러 가지로 평가될 것 같지만, 의외로 검사 종류가 달라도 결과는 큰 차이가 나타나지 않고, 거의 동일한 지수가 나옵니다.

그렇다면 왜 지능 검사의 종류는 그렇게 많으며, 왜 학자들은 새로운 종류의 지능 검사를 꾸준히 만들어내는 것일까요? 그것은 위에서 설명한 지능 지수가 높은 아이들이 검사 종류에 따라 큰 편차를 보이는 것과 관계가 깊습니다. 130 이하 지수의 아동들은 어떤 검사를 하더라도 결국 비슷한 지수를 얻는 데 비해 지수 130 이상의 아동들은 검사의 종류에 따라 매우 다른 결과를 얻기 때문입니다. 어떤 특성에 초점을 맞추느냐에 따라 영재들은 자기 능력을 아주 강하게 발휘하기도 하고, 매우 미숙하게 반응하기도 합니다. 물론 개중에는 다양한 측면에서 고루 고루 평균 이상의 높은 능력을 보이는 아이도 있습니다. 고른 능력을 보여주는 아이가 진짜 영재라고 해석하면 안됩니다. 반대로 특정한 능력을 압도적으로 보여줘야만 진짜 영재라고 해서도 안됩니다. 어느 경우든 영재라고 보는 것이 타당합니다. 이 아이들은 지적인 잠재력이 크기 때문에 동기 유발이 어떤 방향으로 잘되면 어떤 능력이든지 능력을 개발할 수 있는 속도는 매우 높습니다. 이 아이들에게 가장 큰 문제는 동기 유발을 어떻게 시킬 것인가입니다. 이 단계에서 분명히 말할 수 있는 것은 통계적으로 평가해서 결국 종합 지수로 130 이상인 경우, 영재로 평가된다는 것입니다. 한 걸음 더 나아가 한두 가지 지표가 유독 높아서 상위 2% 이상으로 평가된다면 지적 특성이 매우 강하다고 해석해야 타당합니다. 특정한 분야만 유독 잘 발달된 경우나, 모든 부분이 고루 발달된 경우나 잠재력이 없다면 가능하지 않습니다.

지능 지수와 행동 특성에 대한 이해

다음 카페 '이든 센터'(cafe.daum.net/eden-center)에서 2011년도에 가족 워크숍을 가졌을 때, 유아용 웩슬러 검사의 한글화를 담당하고 계신 울산대학교 박혜경 박사님이 오셔서 특강을 해 주신 적이 있습니다. 박 박사님이 이 자리에서 아주 중요한 조언을 해 주셨다. 지능 검사이든 성격 검사이든 전문가 평가를 마무리 짓기 위해서는 부모와의 심도 있는 상담이 반드시 필요하다는 것입니다. 그 결과가 수년 이상 아이를 관찰해온 부모의 의견과 일치해야 한다는 것입니다. 아무리 전문가라 하더라도 한 두 시간의 관찰 결과로 아이를 평가하는 것에는 무리가 따릅니다. 전문가 평가는 반드시 아이의 행동과 태도를 오랫동안 관찰해 온 부모의 의견과 일치시키는 작업이 필요합니다. 부모가 그 결과에 대해 수긍하고, 부모가 미처 알아차리지 못한 요소에 대한 설명이 필요합니다. 결국 두 가지 시각 사이에 대화가 있어야 하고, 서로 정보를 교환함으로써 아이의 잠재력 평가는 완성됩니다.

흔히 아이가 언제 걷기 시작했나, 말하기 시작했나, 문자를 깨우쳤는가, 독서 독립이 이뤄졌는가, 수셈의 수준이 얼마나 빨리 고자원으로 발전했는가 하는 것도 매우 중요한 지표가 됩니다. 아이의 지적 발달이 잠시 성숙을 위한 휴지기나 정체기에 들어 있는 것인지, 한동안 잘 보이지 않던 지적 요소가 최근 폭발적으로 성장하는지도 매우 중요합니다. 이런 시간을 두고 거쳐 온 발달 과정은 한 시간의 관찰 결과로는 가늠할 수 없습니다. 따라서 아이를 대상으로 한 평가가 한 시간이라면 부모와의 의견 교환도 한두 시간 필요합니다. 그런 부모와 전문가 사이의 깊이 있는 대화가 없다면 웩슬러 검사와 같은 1대1 심층면담방식(Full Battery방식)이라 하더라도 신뢰성과 의미는 퇴색됩니다.

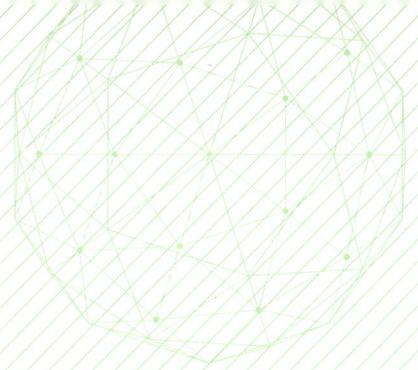

Part 02

지능 지수에 따라서 양육 방법은 다른가?

Chapter 01

아이의 지능 지수가 높다면 어떻게 해야 할까

지능 검사도 제대로 받았고, 이 아이가 '영재' 범위(웩슬러 검사 지수 130 이상) 혹은 그에 근접한 특성을 가지고 있다는 평가를 받았다면 아이의 양육 방법을 근본적으로 다시 점검할 필요가 있습니다. 대체로 지수 120 이상이면 좀 다른 접근 방법이 필요합니다. 이런 아이는 어떻게 양육해야 할 것인가? 이에 대한 대답은 사실 아주 큰 주제가 됩니다. 아이에게 적합한 교육이 어떤 것인지를 설명하기 전에 지수 120부터는 왜 각별한 노력이 필요한 것인지, 그중에서도 '영재(지수 130 이상, 전체 인구 대비 상위 2% 내외)'들에게는 왜 특별한 교육이 필요한지를 설명할 필요가 있습니다.

검사 결과, 충분히 잠재력을 평가했는지 다시 확인할 필요가 있습니다. 검사 결과에 대한 확신이 없다면 다소 힘들더라도 검사 경험이 많고 아이가 충분히 자신의 능력을 발휘할 수 있는 검사 환경과 검사자를 찾아내서 재검사를 해볼 필요가 있습니다. 아이와 잘 맞지 않는 검사로 아이가 가진 잠재력을 부모조차 부정해버리거나 과소평가한다는 것은 안타까운 일입니다.

지능 지수가 일단 120(웩슬러 검사 기준, 표준 편차 15, 상위 10%) 혹은 그 이상의 지수가 나왔다면 일단 이 아이가 집단 교육 기관에 적합하지 않다는 것을 인식할 필요가 있습니다. 지수가 120이 넘기 시작하면 평균적인 아동들과는 매우 다른 학습 특성을 가집니다. 대체로 지수 120이라면 평균적인 아이들에 비해 120% 정도의 학습 능력을 가졌다고 보아야 합니다. 만 10세의 아이라면 2년 정도의 차이가 생긴다고 해석할 수 있습니다. 워낙 개인차가 크기 때문에 쉽게 숫자로 딱 계산이 나오는 것은 아닙니다. 하지만 지능 지수를 제대로 평가했다면, 그냥 무시할 수 있는 것은 아닙니다. 지능 지수 개념을 창시한 비네 박사의 주장에 따르면 100 이하의 지수 평가가 더 중요하지만, 어린 학생들에게 자칫 '모자라고 아둔한 아이'라는 낙인을 찍는 일이 될 것이므로 훨씬 더 조심스럽게 접근해야 합니다. 그와는 반대 방향으로 지수가 120 이상으로 높게 나온다면 사회적 관심과 호기심은 높아지지만 국가와 학교의 정책적인 배려는 기대하기가 어려워집니다. 소수의 똑똑한 아이들의 성장을 위해 공적 자금과 자원을 배분하기는 어렵습니다. 그런 정책은 일반인들의 정서에 거슬리기 때문입니다. 많은 사람들이 그런 아이들은 스스로 능력을 증명해 사회적으로 중요한 위치에 올라가야 하는 것이라 생각합니다. 결국 아이의 부모들이 스스로 아이에게 가장 적합한 양육 방식과 교육적인 환경을 만들 수밖에 없습니다.

Chapter
02

상위 10%에 해당하는 지능 지수라면?

　지수가 120 이상이 되면 우선 평균적인 또래 아이들과는 학습 형태와 속도가 다릅니다. 지수 150 이상의 고도 지능아만 특별한 교육이 필요한 것이 아닙니다. 학술적인 기준으로는 130 이상을 영재라고 분류합니다. 130 이상의 아이들은 평균적인 학생들보다 대체로 초등 과정은 4~5배의 학습 속도가 필요한 것으로 추정합니다. 중등 과정도 2~3배 정도 차이가 납니다. 물론 그런 특성에 적합한 교육이 제공되었을 때 그럴 수 있습니다. 130 이상인 아이들만 학교생활에서 특별한 배려가 필요한 것이 아닙니다. 120 근방이면 일반적인 양육 방법과 잘 맞지 않는 문제가 생깁니다. 이에 대해 부모는 많은 준비가 필요합니다. 우선 120 이상인 아동에 대한 일반적인 설명부터 시작합니다. 뒷부분에는 130 이상(학술적 기준의 영재)인 경우를 3장에서 다루려고 합니다.

145 이상의 고도 영재에 대한 문제들은 별도의 책 한 권이 필요할 것입니다. 따라서 3장에서도 몇 가지 특징적인 내용만 다루려고 합니다. 지능 지수가 두 부모처럼 정확히 딱 떨어지는 것은 아닙니다. 대체로 3~5포인트 정도의 오차는 항상 있습니다. 따라서 120 근처, 130 근처, 145 근처 정도의 의미로 이해하는 것이 온당합니다.

지수 120이라면 전체 인구 중 상위 10% 정도의 기준이 됩니다. 그 정도의 수치라고 하더라도 평균적인 아이들과는 성장 과정이 다릅니다. 책 앞부분에서 설명했듯이 한국 아이들의 지능 특성이 유독 강하게 나타나기 때문에 10년 전의 아이들과도 차이가 있고, 다른 나라 아이들보다는 학습 능력이 유난히 앞선다는 것을 염두에 두어야 합니다. 한편 학교의 커리큘럼을 이런 우수한 아이들을 기준으로 구성할 수는 없습니다. 장기적으로 관찰하면 학교의 커리큘럼도 점점 진화되고 있습니다. 쉬운 예로 한 세대 이전에는 초등학교 입학한 아이들이 한글을 다 익힌 것을 기대하기 어려웠습니다. 두 세대 전에는 초등학교는 한 반에 70명으로 2부제 수업을 해야 할 만큼 열악하기도 했지만, 한 반에 70명의 학생 중에 한글을 읽을 줄 아는 학생은 어쩌다 한 명에 불과했습니다. 그러나 오늘날 학교에서는 오히려 한글을 읽을 줄 모르고 초등학교에 입학하는 아이들이 한 반에 몇명 되지 않고 있습니다. 지역별로 편차가 있긴 하지만 전체 인구 중 대다수가 도시 생활을 하고 있고, 특히 학령기 자녀를 가진 가족들의 도시 거주 비율은 매우 높기 때문에 한국에서의 상황은 한 세대, 두 세대 전과는 확실히 다릅니다.

지수 120 정도가 되면 평균적인 학생들에 비해 반복 학습 필요 횟수가 반으로 줄어듭니다. 그런데 다른 나라 아이들과 비교하면 그 차이는 더 커집니다. 따라서 한국의 지수 120 이상이 되는 학생들은 다른 나라 언어를 조기에 노출시키면 이중 언어 교육이 매우 쉽습니다. 본인이 의욕을 가지게 되면 세 개 언어, 네 개 언어를 익히는 것도 그다지 어렵지 않습니다. 주변에 몇몇 학생들이 실제로 그런 능력을 쉽게 익히는 것을 보고 모든 아이들이 모두 그렇다고 생각해선 안됩니다. 전체 학생 중 약 10% 정도의 학생들만이 어렵지 않게 언어 습득을 빠르게 할 수 있습니다. 그런 주장을 뒷받침하는 자료들은 적지 않지만 체계적으로 정리되고 검증된 형태로는 찾기가 쉽지 않습니다.

미국 아동의 경우, 일반적으로 독서 독립 연령을 초등학교 3~4학년으로 보는 것이 보통입니다. 그러나 한국 아이들은 문자 터득이 빠른 만큼, 독서 독립 연령이 매우 빠릅니다. 상당수의 아동들이 만 5~6세 정도에 독서 독립을 합니다. 숫자에 대한 이해나 연산 능력도 기복이 있긴 하지만 무척 빠른 편입니다.

그런 반면 학교의 커리큘럼은 훨씬 보수적으로 변화합니다. 아주 쉽게 말해서 초등학교의 교육 목표는 100~150쪽 정도의 아동 도서를 읽고 이해하고, 필요한 경우 요약하고, 주요한 내용을 기억할 수 있는 정도의 독서 능력을 목표로 합니다. 한국 아동들의 독서 능력이 빨리 개발되다 보니, 아동용 도서라고 하지만, 학교 입학 이전에 수백 권의 책을 독파한 아이들이 부지기수로 많습니다. 상담했던 가족의 아동중에는 천 권, 이천 권, 삼천 권 심지어는 오천 권의 책을 읽은 아이들도 있었습니다. 사실 권수는 그다지 중요하지 않습니다. 아동용 도서의 경우는 40~50권을 넘어가게 되면 독서를 통한 학습 효과가 급속히 떨어지기 때문입니다. 아무리 많아도 200권 이상을 넘어가면 자연스럽게 다음 차원의 독서로 유도해야 합니다. 실제로 400~500권 넘게 책을 읽은 아동들은 대체로 좀 더 글밥이 많은 책으로 넘어갑니다. 책은 처음 페이지부터 마지막 페이지까지 완벽히 읽고 이해해야 하는 것이 아닙니다. 다소 어려워 보이는 책이라도 일정 부분 읽어 나가는 노력을 하게 되면 독서 능력이 한 차원 상향됩니다. 초등학교의 교육 목표에는 수학에 대한 것도 있습니다. 초등학교 교과서를 살펴보면 대번에 알 수 있지만, 분수의 가감승제가 목표가 됩니다. 지수 120 정도의 학생에게는 이는 매우 쉬운 과제에 속합니다. 대체로 만 10세 이전에 6개월 정도의 훈련이면 분수의 가감승제를 완벽히 익힐 수 있습니다. 만 10세면 초등학교 4학년 정도에 해당하는데, 적절한 과제와 목표 설정만으로 중학 과정 수학도 만 12세 이전인 초등학교 졸업 이전에 소화가 가능합니다. 외국어 습득과 마찬가지로 주변에 이런 아이들이 몇몇 있다고 해서 모든 학생이 그렇게 할 수 있는 것은 아닙니다.

많은 사람들이 초등학교 저학년이 외국어를 어느 정도 구사하거나, 수학 개념을 2~3년 선행하면 대단한 것으로 보고 놀랍니다. 하지만 아이들의 잠재력을 살펴보면 놀랄 일이 아닙니다. 아이들의 지적 잠재력을 정확히 측정한 다음 실제로 멘토링 수업을 해보면 지능 지수에 따라 학습 습득과 인지 능력 개발 속도가 완전히 다르다는 것을 확인할 수 있습니다. 각 학생에게 아주 적합한 학습 속도가 있습니다. 그리고 각 학생에게 가장 적합한 학습 속도는 막연한 기대보다 차이가 많습니다. 어떤 아이에게는 전혀 놀라울 것 없는 성과일 수도 있고, 어떤 아이에게는 도저히 감당하기 어려운 속도일 수 있는 것입니다. 이 부분에서 역시 일반 사람들이 가진 상식과 기대에 비해 실제 상황은 차이가 큽니다. 한마디로 우리 주변에는 숨겨진 영재들이 아주 많습니다. 그리고 이런 영재들에게 주어져 있는 잠재력은 매우 큽니다.

Chapter 03

부모의 남다른 노력이 아이를 좌우한다

초등학교 과정에서 학습 목표로 지향하는 수준이 어떤 것일지 따져 봅시다. 아이들마다 6년 동안 배울 수 있는 지식과 지적 수준의 차이는 상당히 큽니다. 일반적으로 착각하듯이 학교만이 지식의 공급처는 아닙니다. 한때 학교는 최고의 지식 공급 기관이었습니다. 학교를 다니는 것 자체가 큰 혜택이었던 시절이 있었습니다. 하지만 그것은 아주 먼 옛날 이야기에 불과합니다. 아이들은 학교가 아닌 곳으로부터 상당한 지식과 지적 요소를 흡수합니다. 특히 아동 도서 출판과 인터넷이 발달된 한국에서는 더욱 그렇습니다.

초등학교 졸업자에게 필요한 지적 수준이란 간단히 말하면, '100쪽 혹은 150쪽 정도의 책을 읽고 이해하고, 필요한 경우 요약하거나 대강의 의미를 이해하는 수준'이라고 해야 합니다. 그 밖에 필요한 능력은 수학 개념의 이해인데, 거칠게 이야기해서 분수의 가감승제를 할 수 있는 정도면 충분합니다.

상담한 가족의 아이들은 이미 독서량이 3000~4000권을 상회하는 경우가 비일비재합니다. 아무리 어린이용 도서라도 50~60권에서 100권 이상만 되어도 그 안에 들어있는 콘텐츠는 무시하지 못할 정도이며 지식차원에서 본다면 초등학교 졸업 수준 혹은 그 이상의 수준에 이미 도달합니다. 아이가 한 자리에 앉아 2~3시간 이상 책을 읽는다면, 지적 몰입의 수준이 상당한 수준입니다. 40분이나 45분 단위로 이루어지는 교실 수업 자체가 아이의 지적 몰입을 방해하고 있습니다.

지적인 특성이 지능 지수 한 가지로 모두 설명할 수 있는 것은 아닙니다. 지수는 아이의 지적 수준을 통계적으로 보여줍니다. 대체로 120 정도 이상이면, 부모는 남다른 노력이 필요합니다. 지능 지수 120은 전체 인구의 상위 10% 정도에 해당합니다. 지수가 120이라는 의미는 같은 나이의 아이들의 평균적인 발달 수준보다 약 20% 정도 빠릅니다. 만 5세가 되면 대체로 1년 정도, 만 10세가 되면 대체로 2년 정도 차이가 있습니다. 아주 어린 시절의 1~2년의 차이는 상당한 차이가 됩니다. 원론적으로 말하면 120 정도면 1년 정도 조기 입학을 하고, 3~4학년 정도에 한 번 월반을 하는 것이 아이에게는 적합한 진도가 됩니다.

지수가 130 정도가 되면 전체 인구 중 상위 2%가 됩니다. 평균적으로 지적인 능력의 발달 속도가 30% 빠릅니다. 초등학교 4~5학년이 되면 3년 이상의 나이 많은 아이들과 비슷한 수준이라는 뜻입니다. 이렇게 또래 아이들과의 인지 능력 발달 속도의 격차가 벌어지면 벌어질수록 교우 관계는 점점 어려워집니다.

Chapter
04

차별화 교육정책이 필요하다

　어떤 학자는 '인내의 한계치(Tolerance)'가 있다고 말합니다. 지능 지수가 20포인트 정도로 차이가 나면, 두 사람은 서로 견디기 어려운 상태가 됩니다. 빠른 사람은 상대가 너무 이해가 느리고 말귀를 못 알아듣기 때문에 답답함을 느끼고, 느린 사람은 상대방이 알아듣기가 힘든 이야기를 너무 많이 빨리 하기 때문에 막막함을 느낍니다. 이런 상태가 해소되지 않으면 서로가 분노를 느낄 수 있습니다. 상대방이 자신을 무시한다고 오해할 수 있고, 자기 이야기에 주의를 기울이지 않고 집중을 하지 않는다고 비난하기 시작합니다. 상대방이 자신을 조롱하거나 농락한다고 느낄 수도 있습니다. 그래서 급진적인 학자는 지능 지수 90부터 110까지의 인구(전체 약 50%)를 평균적인 그룹으로 나누어 학급을 편성하고, 그 위 아래로 다른 진도를 구성해줘야 한다고 주장합니다. 현실적으로는 어려운 일입니다. 평균 그룹은 인원이 많지만, 양 극단은 인원이 아주 급하게 줄어들기 때문입니다. 핀란드처럼 나이에 상관없이 학습 능력과 속도에 따른 진급 제도를 과감하게 적용하는 것이 훨씬 효율적일 것입니다. 하지만 이를 실제 정책으로 반영하는 일은 대단히 어려울 것입니다.

대체로 평균적인 사람들이 새로운 단어나 새로운 개념을 습득하기 위해서는 17번의 노출이 필요합니다. 17번의 노출이란, 17번 정도 잊고 다시 기억해야 한다는 것입니다. 17번 기억한다는 것은 16번 정도 잊어버린다는 뜻입니다. 학생들이 새로운 영어 단어를 외우기 위해 연습장에 17번 반복해서 적어 넣으면 된다는 뜻일까요? 물론 단어 암기에 다소 도움이 되기는 하겠지만, 그것으로 기억이 각인되지는 않습니다. 설명을 듣거나 사전을 찾아 뜻을 기억했다가 잊어버리기를 16번 반복하고 나서야 비로소 절대로 잊지 못하는 평생의 기억으로 가지게 된다는 뜻입니다. 그 의미를 새겨 보면, 단어를 암기하는 방법에도 효과의 차이가 있다는 것을 알 수 있습니다. 깜지를 만들어 20번씩 단어를 쓰는 것보다는 하루 20~30개 정도를 외운 다음, 다음날은 잊어버리고 다시 잊어버린 단어들을 모아 100개를 외우는 방법이 보다 효율적일 것입니다.

지수 120 근처인 사람들을 대상으로 실험하면, 이 사람들은 평균 8번의 노출로 평생 기억을 만들어냅니다. 새로운 단어를 익히고 어휘를 늘려나가는 노력과 시간이 절반으로 줄어듭니다.

거꾸로 지수가 80 근처인 사람들은 평균적인 사람들보다 두 배의 노력과 시간이 필요할 것입니다. 이런 차이를 가진 학생들을 한 교실에 몰아넣고 경쟁을 시킨다는 것은 공정하지도 않고, 효율적이지도 않습니다. 대체로 한 나라의 교육 정책은 이런 모순에 대해 두 가지 양 극단 사이에서 흔들리게 됩니다. 교육 정책을 결정하는 분들이 사람들의 지적 학습 능력에는 분명한 차이가 있다고 판단한다면 '트랙킹' 정책을 추구하게 됩니다. 평균적인 학생들에게 적합한 평균적인 커리큘럼(진도 계획)이 있다면, 너무 빠르거나 너무 느린 학생들에게는 다른 커리큘럼이 필요하다고 보는 것입니다. 평균적인 학생을 위한 평균적인 커리큘럼을 '정상 궤도' 또는 '보통 주행로'라는 의미로 '노멀 트랙(Normal Track)'이라고 합니다. 그러면 빠른 학생들에게는 '패스트 트랙'(Fast Track, 속진 코스)를 주고, 느린 학생들에게는 '슬로우 트랙'(Slow Track 지진 코스)를 주자는 것입니다. 교육 정책을 결정하는 분들이 아이들의 학습 능력 차이는 근본적으로 크지 않다고 판단한다면, '디트랙킹'정책을 펼치게 됩니다. 트랙을 나눠 학습시킨다는 것은 사람들이 가진 능력의 차이를 더 크게 벌리는 부작용이 작용할 것이라고 주장합니다. 많은 사람들이 어디선가 들어본 이야기일 것입니다.

Chapter 05

맞춤형 수준별 개별화 수업이 효과 있다

트랙킹 정책과 디트래킹 정책은 서로 반대 방향으로 교육 정책을 압박하게 됩니다. 이런 일은 우리나라만 겪는 것은 아닙니다. 어느 나라에서나 이런 정책은 파도처럼 이쪽으로 쏠렸다가 다시 반대쪽으로 쏠리게 됩니다. 그래서 교육 정책은 항상 갈팡질팡하는 것으로 보입니다. 보통은 디트래킹 정책을 추구하는 쪽의 목소리가 큽니다. '모든 아이들은 근본적으로 다 영재입니다.' 라는 이야기도 들을 수 있을 것입니다. 학교에서 우열반 편성을 하면 입시 성과가 좋아진다는 것은 경험적으로 누구나 아는 일입니다. 하지만 비판이 만만치 않습니다. 첫 번째로 꼽히는 것이 '낙인 효과'(Stigma Effect) 혹은 '꼬리표 달기'(Index trouble)입니다. 아직 다 자라지도 않은 어린 학생들에게 '지진아'라는 꼬리표를 달아준다면 너무 비인간적이란 것입니다. 평생 '못난 아이'라는 낙인을 이마에 찍어 주게 됩니다. 트래킹을 주창하는 사람들은 그러면 '우반만 만들고 열반을 만들지 말자'고 할 것입니다. 하지만 근본 처방이 될 수 없습니다. 우열은 상대적인 것입니다. '우반'이 생기면 나머지 평균반이 모두 '열반'이 되어 버립니다. 중학교와 고등학교의 평준화 정책이 가장 쉽게 이해할 수 있는 디트래킹 정책입니다. 어린 초등학생, 중학생들이 입시 경쟁에 짓눌리는 것은 교육적이지 않다는 것입니다. 또 중요한 비판이 있습니다. 학교 서열화, 명문 학교를 중심으로 한 학연이 사회계급화 되는 것도 커다란 부작용입니다.

그럼에도 불구하고 엘리트를 배양해야 한다는 수월성 추구 역시 쉽게 무시할 수 없는 일입니다. 결국 특수 목적 고등학교들이 생겨나면서 다시 트래킹 정책이 시도됩니다. 그리고 그에 따라 입시 경쟁이 생겨나고 날이 갈수록 치열해집니다. 그리고 입시 경쟁의 강도가 날이 갈수록 빨라져서 미취학 아동에 대한 조기 교육, 선행학습 경쟁으로 그 폐해가 점점 커지고 있습니다.

큰 그림을 보면서 국가 교육 정책이 가지는 모순과 어려움에 대해서 무언가 해결 방법을 제시하려는 것이 아닙니다. 그것은 이 책에서 다루려는 문제가 아닙니다. 다시 지적 특성이 유별난 아이들에 대한 이야기로 돌아가야 합니다.

지수가 모든 아이들의 지적 특성을 다 설명하는 것은 절대로 아닙니다. 하지만 지능 지수가 가진 통계적인 의미는 여러 가지로 강력한 힘이 있습니다. 지수 130 이상이 되면 대상자는 절대 소수가 됩니다. 전체 인구의 2% 정도로 50명 중 하나 정도가 됩니다. 한 반에 한 명이 아니고, 세 학급 중 2명 정도가 됩니다. 이런 아이들을 대상으로 실험을 하면, 새로운 단어와 새로운 개념을 습득하는 데 평균 4번의 학습으로 충분합니다. 지수 120 정도인 학생과 130 정도인 학생 사이에도 학습 속도는 두 배 정도 차이가 납니다. 즉 같은 양의 지식을 습득하고 흡수하는 데 필요한 시간이 두 배 정도라는 것입니다. 평균적인 학생들과는 이론적으로 4배의 차이가 나며, 실제로는 5~6배 정도 차이가 나는 것으로 추정됩니다. 그만큼 같은 정도의 지식과 정보를 얻고, 새로운 개념을 이해하는 데 필요한 노력의 차이에도 그만한 격차가 있습니다.

Chapter 06

모범생은
지능 지수 120~130이 많다

지수 120 정도의 학생들이 대체로 학교에서의 모범생이 될 가능성이 높습니다. 무엇을 해도 또래 아이들보다는 더 잘 할 수 있고, 학교의 진도도 그다지 부담스럽지 않습니다. 자신감이 충만하고, 교사에게서도 인정을 받으며, 학과 성적에서도 어렵지 않게 상위권에 들며, 때로 수석을 차지합니다. 한 반에 35명의 학생이 있다면 3~4명 안에 드는 손꼽히는 모범생, 우등생이 될 것입니다. 하지만 지수가 더 높은 130 정도의 학생들은 그렇게 되지 못할 가능성이 높습니다. 이 아이가 사용하는 어휘 수준 자체가 또래의 아이들에게는 거부감을 일으킵니다. 보통은 들어보지 못하는 추상적인 단어를 자주 사용하며, 다른 아이들에게 흥미 있는 주제에 대해 재미없다는 경우가 자주 생깁니다.

운동장에서 한 아이가 다른 아이들과 밀고 당기고 하는 장난 중에 손을 놓쳐서 자빠져 버렸습니다. 넘어진 아이는 울면서 다른 아이들이 자기를 떠밀었다며 화를 내고 있었습니다. 이를 지켜보던 초등학교 2학년생 아이 하나가 팔짱을 끼고 지켜보고 있다가 그렇게 말합니다.

"그것은 떠민 것이 아니고 작용과 반작용이었어!"

넘어진 아이와 아이를 밀쳤다고 지적 받은 아이들 여러 명이 의아한 표정입니다. 무슨 말인지 이해가 되지 않는 것입니다. 그 중 한 아이가 '작용과 반작용'이라고 말한 아이에게 쏘아 붙입니다.

"무슨 소리야?"

또 다른 아이가 비난합니다.

"너는 이런 때에도 꼭 잘난 척하는 말을 하지!"

단순한 어휘력의 차이에 불과한 것입니다. 그것이 소외와 오해의 발단이 될 수 있습니다. '작용과 반작용'이라는 개념은 중학 과정에 가서야 배우는 것일지 모르지만, 아동용 서적에도 개념이 설명되어 있는 것입니다. 약간의 독서량이 있으면 바로 이해할 수 있는 것이고, 그것을 지켜보는 아이의 머릿속에서는 그저 자연스럽게 떠오르는 단어에 불과합니다. 그러나 일반적인 초등학교 저학년 아이들에게는 지금 벌어진 일과는 너무 동떨어진 과학 용어로 들릴 수도 있습니다. 그걸 이해하지 못한다고 아둔하다고 할 수는 없습니다. 단지 아이들 사이에 어휘력의 차이가 분명히 있다는 것입니다. 특성이 강한 아이는 아무 것도 아닌 이유로 '잘난 척한다'는 비난을 받은 것이 억울할 것입니다. 반대로 평균적인 아이들에게는 알아듣기 어려운 어휘를 계속 사용하는 그 아이가 불편할 수 있습니다.

Chapter 07

감각 자극에 대한 반응 특성이 다를 수 있다

이런 아동들에게 더 큰 문제가 되는 것은 감각의 예민함입니다. 학교, 교사, 급우들과의 괴리는 이런 감각 특성의 차이로부터 시작됩니다. 모두가 그런 것은 아니지만, 지수 130이 넘는 아이들은 대체로 감각이 상당히 발달되어 있습니다. 쉽게 설명하면 남들이 듣지 못하는 소리를 듣고, 보지 못하는 것을 보고, 느끼지 못하는 것을 느낍니다. 이런 아동들에게 이어 플러그(Ear Plug)나 약솜을 조금 뜯어서 양쪽 귀를 막아 보았습니다. 보통 아이들이라면 잘못 들을 만한 상태이지만, 아주 또렷하게 소리를 구분했습니다. 오히려 그렇게 했을 때, 소리가 견딜만하다고 말합니다. 이런 아이들이 수십 명의 아이들이 제각기 재잘거리는 교실에 앉아 있는 것 자체가 곤욕이 될 수도 있습니다. 비유를 들자면, 나이트클럽의 대형 스피커(우퍼) 앞에 앉혀 놓은 상황이 될 수 있습니다. 강한 빛에 과도한 반응을 보이면, 눈은 반사적으로 감을 수 있습니다. 그에 비해 귀는 갑작스런 큰 소리에 대해 쉽게 보호하기가 어렵습니다. 남들에게는 별것 아닌 소리에 아이가 깜짝 놀라거나 귀를 막는 반응을 보일 수 있습니다. 이런 반응을 재미있게 보고 장난을 걸어오는 아이들이 있습니다. 그것이 무엇이 되었든 평균적인 아이들과 다른 반응을 보이는 아이들은 쉽게 소외될 위험이 늘 생깁니다. 발달된 감각과 높은 지능 지수 사이에는 분명한 관계가 있습니다. 감각 신호의 크기가 큰 만큼, 외부로부터 들어오는 감각 신호가 뚜렷하고 강한 만큼 보다 깊이 선명하게 기억될 수 있으며, 확장된 기억은 논리적인 추론을 계속 자극해 발달시킬 수 있습니다. 하지만 감각 특성을 수치로 평가하는 일은 체계적으로 연구되어 있지 않습니다. 전문 의사들도 특별히 잘 듣지 못하는 청력 이상을 따집니다. 얼마나 잘 듣는지를 측정하지는 않습니다. 얼마나 강하게 잘 듣는지는 이상이나 질병이 아니기 때문입니다.

교실 현장 상황은 조금 더 심각합니다. 이런 아이들이 점점 많아지고 있습니다. 과도한 감각을 가진 아이들은 해마다 늘어나고 있습니다. 아이들의 발육이나 위생, 건강, 섭생이 좋아질수록 감각 특성이 발달된 아이들은 더 늘어납니다. 과도한 감각이라고 하지만, 그것은 상대적인 개념입니다. 어쩌면 그 아이들이 오히려 건강하고 발육이 좋은 것이고, 평균적인 아이들의 감각이 상대적으로 둔하고 느린 것일 수도 있습니다.

　하지만 양쪽 끝단에 있는 아이들은 절대적으로 소수입니다. 이 아이들이 겪고 있는 어려움은 그 정도가 커질수록 기하급수적으로 커집니다. 이런 아이들에 대한 배려도 절대 쉽지 않습니다. 우선 급식도 문제가 됩니다. 이 아이에게 학교 급식은 너무 맵거나, 짜고 반찬에서 냄새가 날 수 있습니다. 음식이 조금만 신선하지 않아도 '냄새가 난다'고 말하면, 급식을 공급하는 교사와 학교는 상당히 난감해질 것입니다. 흔히 버릇없이 제 멋대로 응석받이로 자랐기 때문일 것이라고 오해를 받습니다. 하지만 실제로는 단순히 평균적인 아이들보다 미각과 후각이 발달되어 있기 때문에 생기는 일입니다. 다른 아이들보다 감각 특성이 발달되었다고 해서 '버릇없고 응석받이'라고 비난받는다면 그것도 억울하지 않겠습니까?

Chapter
08

숨겨진 영재성부터 발견하자

지수가 130 아래라면, 특히 지수 120 이하에서는 지능 지수는 상당히 정확하게 평가됩니다. 정확하다는 의미는 재현성이 높다는 것입니다. 즉 여러 번 해도 비슷한 지수로 평가되고, 다른 종류의 지능 검사로 평가해도 비슷한 수치가 나옵니다. 실제로 학업 성적도 비슷하게 나올 수 있습니다.

어떤 아이의 지능 지수를 평가했을 때, 두 가지 영역(동작성과 언어성 지능)이 비슷한 수준에서 120 이하로 평가된다면, 지능 검사는 비교적 정확하게 측정된 것으로 받아들일 수 있습니다. 두 가지 중 한 가지가 유독 높게 나온다면, 아이의 지적 잠재력과 특성이 매우 강하는 것을 암시합니다. 이 경우에는 반드시 10~12세 시기에 다시 한 번 더 평가를 받을 필요가 있습니다. 만 8세 정도만 되어도 정확한 평가가 어렵지 않습니다. 웩슬러 검사 유아용(WIPPSI)은 만 30개월부터 평가할 수 있고, 실제로 많은 아이들이 지능 검사를 받고 있긴 하지만, 너무 어린 아이들은 검사에 집중하기가 쉽지 않습니다. 그래서 정확한 평가가 어렵습니다. 많은 경우 저평가될 가능성이 높습니다. 아직은 너무 어려서 그런 종류의 과제는 처음으로 보게 될 가능성이 높습니다. 이런 과제들은 한두 번 아이가 자극을 받아 재미를 느끼면 상당히 짧은 기간에 개발할 수 있습니다. 단지 아이에게 낯설기 때문에 충분히 해결하지 못하는 것입니다.

아이 스스로 지능에 대해 궁금해 하고, 지능 평가에 대해 협조적이라면 만 7~8세 정도라도 받아볼 만합니다. 그보다 어린 아이에 대해서는 전문가와 아이 부모가 아이의 생활 행태나 성장 과정에 대해 평가하는 것을 권하고 싶습니다. 그것만으로도 아이의 잠재력 평가는 충분합니다. 이 책을 읽거나 관심을 두고 있는 부모라면 막연하나마 아이가 똘똘하고 육아서에 나와 있는 것보다 빠른 발육을 보였기 때문일 것입니다. 그렇다면 평균 지수 100 정도의 아주 평균적인 잠재력을 가진 아이는 아닐 것이라고 볼 수 있습니다.

120 정도면 상위 10% 정도가 되며 대개의 경우는 특별한 노력을 하지 않더라도 학업성취도가 높은 쪽에 속할 가능성이 큽

니다. 물론 선행학습이나 조기 교육의 혜택을 보고 있을 가능성도 높습니다. 한국에는 아이의 지적인 자극을 위한 각종 프로그램들이 워낙 많기 때문입니다. 상업적인 기관이나 회사들은 그런 프로그램이나 교구의 탁월한 효과를 강조하겠지만, 이런 프로그램이나 교구가 아이의 빠른 지적 발달을 유도하는 효과는 상당히 과장되어 있습니다. 이런 주장을 강하게 하면 그런 회사들이 벌떼처럼 공격을 하겠지만, 영재 관련 이론서에서는 이를 반박할 수 있는 많은 자료와 예시가 있습니다. 물론 효과가 전혀 없다는 것은 아닙니다. 그러나 많은 부분은 아이가 가진 선천적인 특성이 발휘된 것입니다. 아이들은 주변 환경으로부터 끊임없이 지식과 정보를 흡수하고 있습니다. 아무런 형식적인 틀을 갖추지 않아도 아이들은 주변에 널려져 있는 각종 기호와 문자를 비교하고 그것이 가진 의미를 생각하고 있습니다. 색깔, 소리, 형태, 무늬를 보고 있으며, 그 안에 담긴 여러가지 정보를 분석하고 있습니다. 아이가 건강하고, 영양 공급이 잘 되고 있고, 부모로부터 따뜻한 보호를 받고 안정감을 느끼고 있다면 더 바랄 나위가 없습니다. 지수 120 이상의 아이들은 대개의 경우 부모가 제공하고자 하는 지식보다 더 빠른 속도로 무언가를 흡수하려 합니다. 따라서 어떤 상업적인 프로그램이라 하더라도 아이의 지식 흡수 속도보다 늦을 가능성이 오히려 높습니다. 따라서 대부분의 조기 교육, 선행 교육 프로그램은 지수 120 전후의 아이들에게 최적화되어 있을 가능성이 높습니다.

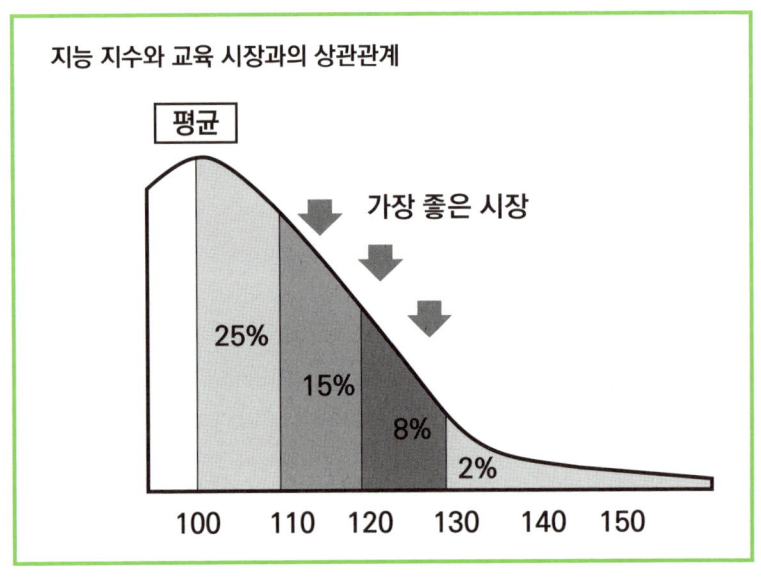

　지수 110 정도가 되면 상위 25% 정도가 되며 이 정도면 전체 아동의 1/4 정도이므로 상업적인 시장의 크기로 보면 작지 않습니다. 지수 120이면 상위 10%이므로 이보다 지식의 요구 수준, 흡수 속도가 빠른 아이들은 상대적으로 적습니다. 지능 지수가 특별히 높은 지수 130 이상의 아이들은 전체 학생의 2%밖에 되지 않기 때문에 상업적인 시장 크기가 너무 작아집니다. 이런 아이들을 위한 프로그램이나 교구를 만들어서는 상업적인 성공이 어렵습니다. 개발업자들 입장에서는 시장성이 좋은 110~130까지의 아이들을 목표로 상품을 개발하고, 120 이상의 아이들에게는 모두 효과가 좋은 프로그램으로 마케팅하는 것이 가장 효과적입니다.

지수 130 이상인 아이들에게는 좀 더 성격이 다른 프로그램이 필요할 것입니다. 1대1로 상대하며, 각 아이에 가장 최적의 속도를 제공하고, 각자의 호기심과 관심에 초점을 맞춘 주제로 자유롭게 넘나드는 형태가 된다면 이상적일 것입니다. 그러나 그런 프로그램은 상업적인 가치는 떨어집니다.

필자를 어렵게 찾아온 가족들의 자녀들은 대부분 130 이상의 지수로 평가되었습니다. 나머지 10~20% 정도의 자녀들도 120 이상은 되었습니다. 지수 130이 넘는 아이들에게 적합한 상업적으로 잘 발달된 프로그램은 없습니다. 그리고 상업적인 프로그램을 통해 이런 아이들에게는 특별히 해 줄 것이 없습니다. 여기서 딜레마가 발견됩니다. 지수 120 전후의 아이들에게 도움이 되는 프로그램이 130 이상의 아이들에게는 별다른 효과가 없다는 것을 인정하기는 쉽지 않을 것입니다. 진정한 영재 프로그램은 아니라는 것을 스스로 인정하는 것이 될 것입니다. 이런 모순이 잘못된 메시지를 만들어낼 수 있습니다.

'이 프로그램은 130이 아니라 그 이상의 영재, 천재들에게도 도움이 될 수 있습니다.'

'이 프로그램이 효과를 보지 못한다면 그 아이는 아마도 영재가 아닐 것입니다.'

'이 프로그램을 통해 효과를 보지 못하고 있는 아이는 지능은 몰라도 다른 문제가 있는 것입니다.'

영재 프로그램을 표방하는 회사들은 진짜 영재에게는 적합하지 않은 프로그램을 제공하고 있습니다. 대부분의 프로그램이 잘 구성되어 있긴 하지만, 치명적인 약점은 속도가 맞지 않는다는 것입니다. 지수 130 이상의 아이들에게는 지수 120 정도의 아이들보다 대체로 2배 이상 속도의 속진이 적정합니다. 두 배 이상의 콘텐츠가 들어가고 훨씬 고급의 정보와 수준 높은 해설이 필요합니다. 교사의 수준도 필요합니다. 교사 스스로 지능이 일반적인 경우보다 훨씬 높아야 합니다. 영재 교육을 표방하는 프로그램에서 오래 일했다는 경력으로 그런 문제가 해결되지 않습니다. 선천적으로 특성이 있어야 합니다. 그런데 시장은 작습니다. 따라서 그런 곳에는 돈 많은 자본가가 손을 대지 않습니다. 그러면서도 '진짜 영재들은 이런 것으로 공부합니다'라고 마케팅하고 싶습니다. 상업적인 영재 프로그램이 실제로는 마케팅 내용과 부합하지 못하게 되는 어쩔 수 없는 모순입니다. 진짜 영재의 부모들은 이런 것을 분별해야만 됩니다. 돈은 돈 대로 쓰고, 자기 자녀에 대한 영재성을 의심하게 되고, '이 아이는 영재도 아니고 골칫덩어리일 뿐이야'라고 하게 된다면? 그 정도는 아니더라도 아이의 장래와 가능성에 대해 회의감을 갖는다면 그것은 대단히 어리석고 불행한 일이 될 것입니다.

Chapter

09

창의적인 영재개발 프로그램이 중요하다

영재교육 프로그램에는 다음과 같은 방법이 필요합니다.

첫째, 1대1 멘토링 학습이 가장 적합합니다.

둘째, 결국은 자기주도학습으로 이어지고, 독서와 인터넷 검색, 자기주도적 탐구활동으로 이어져야 합니다.

셋째, 깊은 탐구활동을 보장할 수 있는 몰입의 시간과 장소가 필요합니다.

넷째, 주제 선택의 자율성이 보장되어야 합니다. 부모나 외부의 어른들이 개입하고 특정 분야의 전문가가 자기 분야로 아이의 학습 분야를 한정하려고 하는 것은 많은 부작용을 낳습니다.

다섯째, 아이가 가진 잠재력을 활짝 펼쳐 보이도록 진도 관리에 대해 선입견을 깨야 합니다.

아주 어린 아이에게는 학습과 놀이는 잘 구분이 되지 않습니다. 만 12세 이하의 어린이들에게는 잘 노는 것이 가장 좋은 학습이 됩니다. 하지만 학습과 놀이는 근본적으로 다릅니다. 학습은 일정한 프로그램 혹은 커리큘럼이 있어야 합니다. 분명한 목표가 있어야 하고, 일정과 시간표가 필요합니다. 또 평가도 있어야 합니다. 하지만 놀이는 그렇지 않습니다. 즉흥적으로 가장 재미있고 편안한 것을 따라가는 것입니다. 일정한 목표가 있을 수 있지만, 반드시 지키지 않아도 됩니다. 정해진 시간이 다 되었더라도 아직 재미가 있으면 원래 계획보다 시간을 더 늘려도 되고, 재미가 없으면 원래 계획보다 일찍 끝내 버리고 새로운 놀이를 시작해도 됩니다. 더욱이 얼마나 잘 놀았는가를 숫자로 평가하지 않아도 됩니다.

우리나라에서 진행하고 있는 각종 영재 프로그램은 기본적으로 어린 아이들을 상대로 하고 있습니다. 상당히 고급 지식을 탐구하는 과정을 경험하게 되어 있는데, 아이들이 어리기 때문에 잘 진행이 되지 않습니다. 그래도 애초 기획보다는 다시 연령을 높여서 진행하는 경우가 자주 눈에 보입니다. 어린 아이들을 대상으로 한 교육은 상당한 유연성을 주지 않으면 진행이 무척 어렵습니다. 교사가 자신의 계획대로 끌고 나가야 한다는 선입견을 가지면 아이들은 학습 진행에 대해 반발하게 됩니다. 그런 반발이 보통 아이들보다 훨씬 강렬하게 나타나므로 수업은 곧 파행이 될 수 있습니다.

1대1 멘토링 프로그램이란?

지수 130 이상이 되는 아이들은 아주 어린 시절부터 1대1 멘토링이 아니면 효과적인 학습이 쉽지 않습니다. 아이들이 요구하는 지식의 수준이 상당히 높은 편입니다. 다음 이야기는 실제로 어떤 영재원에서 일어난 일입니다.

미취학 아동 6명을 구성해 교사가 '원자'(Atom)에 대해서 수업을 진행했습니다.

"원자란 아무리 잘게 나누려 해도 나누어지지 않는 가장 작은 알갱이입니다."

한 아이가 손을 들고 이견을 말합니다.

"아닌데요. 원자를 쪼개면 그 안에는 원자핵과 전자가 있고, 원자핵 안에는 중성자와 양성자가 있어요. 그리고 양성자 안에는 다시 쿼크라는 것들이 있는데요…"

그 정도가 되자, 교사가 아이의 계속되는 발언을 막습니다.

"그만... 오늘 진도에서는 그 부분까지 다루지 않아요. 조용히 선생님 말을 들어요."

아이는 황당한 표정입니다. 그리고 속으로 생각하기 시작합니다.

'이곳은 분명 영재를 모아 가르치는 곳이라고 했어. 그런데 너무나 뻔한 이야기를 되풀이하네. 이곳이 진짜 영재원이라면 내가 모르는 새로운 지식을 가르쳐줘야 하는 것 아니야? 아니면 적어도 질문이라도 마음껏 하게 하든지 내가 발표할 수 있는 기회를 더 줘야 하는 것 아니야?'

한국의 아동 도서나 학습 만화 속에는 이미 원자, 분자와 그 안에 들어있는 소립자들에 대한 이야기가 잔뜩 들어 있습니다. 이 아이들은 흥미 있게 읽어 본 책이나 만화 속에서 이런 개념이나 명칭을 이미 보았고, 익히 알고 있는 것입니다. 물론 학교의 정상적인 커리큘럼으로 보자면 이런 이야기들은 고등학교 혹은 적어도 중학교 과정에 가야만 배우는 것입니다. 영재원에서 미취학 아동을 대상으로 이런 내용을 가르친다고 하면 상당한 선행학습인 셈입니다. 하지만 어떤 아이에게는 이것도 만족스런 학습이 되지 못합니다.

독서량이 상당한 아이들을 대상으로 가르치려면 좀 더 접근 방법이 달라야 합니다. 이 아이들을 압도할 수 있을 만큼 지식의 수준이 높고 넓지 않으면 교사로서 존중을 받기 어렵습니다. 영재의 멘토는 박사 학위를 2~3개 받았을 만큼 해박한 지식과 상당한 수준의 이론에 정통해야 할 것입니다. 문제는 거기에 그치지 않습니다. 아무리 지식이 많아도 미취학 아동은 그런 연령에 어울리는 정서적인 미숙함이 있기 마련입니다. 아이가 유치하고 산만하더라도 유치원 보모처럼 다정하게 돌볼 수 있는 태도가 필요해집니다. 영재들이 보통 친절하고 지식이 해박한 멘토를 만나게 되면, 이런 아이들은 그런 멘토를 주어진 시간 동안 독점하려고 합니다. 그래서 영재의 멘토링은 단 두 명이 같이 하기도 어렵습니다.

지식은 해박하지만 친절한 멘토는 구하기가 매우 어렵습니다. 설령 그런 멘토가 있다고 하더라도 1대1로 수업을 받으려 한다면 그 비용은 상당히 높을 수밖에 없습니다. 현실적인 조언을 하자면, 비록 짧은 시간을 제공하더라도 철저히 1대1 수업을 요구하는 것이 맞습니다. 그런 비용도 부담스럽다면 부모 스스로 멘토 역할을 해야만 합니다. 아주 쉽게 말해서 '부모도 감당하지 못하는 아이를 받아 줄 만한 곳은 어느 곳에도 없습니다.'

부모가 멘토링을 해야 할 경우, 염두에 두어야 할 몇 가지 수칙들을 정리해 봅니다.

첫째, 부모는 자신이 가진 지식을 아끼지 말고 쏟아 부어 줘야 합니다. 아이 앞에서 부모의 권위를 생각하고, 자신의 지식 안에 아이를 가두려 해서는 안됩니다. 아이가 흥미 있게 듣기만 한다면 주저하지 않고 자신이 가진 모든 지식을 줘야 합니다.

둘째, 이런 아이들을 '지적 공룡'이라고 합니다. 스펀지처럼 지식과 정보를 빨아들이고 자신에게 흥미만 있다면 기억도 선명하고 오래 갑니다. 그래서 틀린 이야기를 아는 척 한다거나 '몰라도 돼'라는 식으로 대응해선 안됩니다. 모르면 모른다고 이야기하고, 확실하지 않으면 확실치 않다고 해야 합니다. 그리고 지식과 정보를 아이와 같이 확인하고 찾아가는 노력을 적정한 선에서 같이 하면 됩니다. 일정한 수준에 다다르면 아이에게 지식을 찾아보고 부모에게 오히려 설명할 기회를 제공하는 것이 훨씬 더 좋은 결과를 얻게 됩니다.

셋째, 아이가 습득한 지식을 나름대로 설명하고 이야기할 수 있는 기회를 되도록 자주 줄 필요가 있습니다. 길지 않아도 되고 하루에 단 5분이라도 새로 배운 지식을 부모에게 설명하는 시간과 기회를 주면 학습 효과가 상당히 높습니다. 이 때 주의할 것은 '지적질'을 삼가야 합니다. 아이의 지식이 다소 틀리고 어색한 부분이 있더라도 되도록 우회적으로 암시를 해주는 선에서 멈춰야 합니다. 틀린 것을 지적하기 시작하면 아이의 학습 의욕을 꺾어 버립니다. 결국 이런 멘토링은 금방 중단되고 맙니다. 오히려 부모가 아이의 학생이 되어 주는 것이 더 좋습니다. 적절한 질문을 통해 아이가 자신의 주장의 모순을 스스로 발견하도록 유도하면 더욱 좋습니다. 이때, 노골적으로 아이의 오류를 지적하기 위한 질문처럼 들려서는 역효과가 발생합니다.

넷째, 지식과 정보의 문제가 아니라 훨씬 고차원적인 문제를 가지고 아이가 고민하고 있다고 느끼면 적극적으로 멘토를 찾을 필요가 있습니다. 적절한 멘토가 있다면 많은 시간을 확보하지 않더라도 정기적으로 만나서 좋은 영향을 받도록 해야 합니다. 필자의 주변에도 멘토를 자원하는 은퇴자들이 많습니다. 전직 외교관, 기관장, 교수들이 그런 뜻 있는 일에 자원 봉사할 의도가 있다고 말합니다. 단지 이런 사람들도 어린 아이에 대해 1대1 멘토로서 활동할 기회와 경험이 필요한데, 경험이 없다면 멘토링이 원만하고 효과적일지는 미지수입니다.

다섯째, 결국 적절한 멘토를 만날 수 없다면, 책이나 인터넷을 활용하여 다양하고 넓은 지식의 세계를 탐색하도록 유도해야 합니다. 그런 과정을 통해 원격으로라도 좋은 조언을 해줄 멘토를 구하는 경우도 있습니다.

자기주도적 독서 습관이 성공을 부른다

결국 좋은 영재 교육은 적절한 독서 교육이 주요한 내용이 되기 마련입니다. 독서는 자기 주도적 학습인 동시에 어른이 되어서도 체계적으로 깊이 있는 지식과 사상을 얻을 수 있는 통로가 되기 때문에 반드시 생활 습관으로 이어져야만 합니다. 독서 학습을 지도하고 유도하는 몇 가지 원칙들을 정리해 보려고 합니다.

첫째, 독서 전문가들의 의견을 들어 보면 아동용 도서는 40~50권 이상이 되면 큰 의미를 갖기 어렵습니다. 아동 도서의 독서가 40~50권이 넘어가게 되면, 아동용 그림책을 통해 얻을 수 있는 지식은 아이에게 큰 자극이 되지 못합니다. 많아도 200권도 넘게 아동용 시리즈를 구입해줄 필요는 없습니다. 이런 독서 수준이 몇 년간 지속되도록 그 수준에 머물러 있게 해서는 안 됩니다. 독서 수준이 보다 높은 차원으로 성장할 수 있는데도 같은 자리에 머물면서 비슷한 수준의 책을 계속 구입하는 것은 비용의 낭비가 됩니다. 유아용 그림책을 수십 권 넘는 정도가 넘게 읽게 되면 독서의 속도도 상당히 빠릅니다. 앉은 자리에서 10여 권을 페이지를 뒤적이면서 훑어보는 수준이 되어 버리면, 부모들은 아이가 정독을 하지 않는다고 걱정을 하게 되는데, 그만큼 자세히 들여다봐야 할 정도의 콘텐츠가 없기 때문입니다. 이 단계에서는 오히려 학습 만화가 훨씬 유익해집니다.

둘째, 학습 만화를 바라보는 시각이 부정적인 경우가 많은데, 그렇게 볼 필요는 없습니다. 지능이 높은 아이들은 학습 만화 속에서 지식과 정보를 더욱 풍부하게 흡수합니다. 이 단계를 거쳐 청소년 도서나 장편 소설류로 한 단계 높은 차원의 독서로 넘어가게 됩니다. 학습 만화는 어린이용 그림책에서 본격적인 청소년 수준의 독서로 넘어가는 디딤돌 역할을 충실하게 해줍니다. 한국의 학습 만화 수준은 상당히 높습니다. 몇 가지 시리즈는 인기도 높지만 콘텐츠 자체가 매우 다양하고 풍부합니다. 고급 어휘를 접하게 하는 동시에 기본 개념을 익히게 하는 효과가 있습니다. 부모들이 염두에 두어야 하는 것은 '학습은 기본적으로 흥미가 있는 활동'이란 것입니다. 인상을 쓰면서 억지로 하는 공부보다 흥미를 가지고 몰입하는 것이 학습 효과가 높습니다. 그 대상이 만화라고 하더라도 아이가 몰입하는 것은 흥미 있는 콘텐츠가 있기 때문입니다. 그렇기 때문에 학습 효과가 높습니다. 아동 도서와 마찬가지로 학습 만화도 모두 다 구입하는 것은 비용 낭비입니다. 대여 서비스나 가까운 지인들과 교환을 통해 구매량은 최소화할 필요가 있습니다. 그런 책 중 아이가 유난히 좋아하는 책이 있다면 상으로 한두 권씩 사 주는 것은 여러가지 효과를 냅니다. 학습 만화를 실컷 보게 되면 빠르고 늦고의 차이는 있지만, 결국은 독서 수준은 그 다음 단계로 진화하게 됩니다.

셋째, 다음 단계는 소설입니다. 소설 역시 많은 학부모들이 경시하지만 독서 수준의 발전 단계에서 매우 중요한 길목이 됩니다. 소설은 비교적 역사가 짧고 새로운 형식입니다. 물론 삼국지와 같이 매우 오래 전에 쓰인 책도 있기는 하지만, 소설은 18세기에 와서야 활성화된 장르입니다. 한마디로 '이야기책'입니다.

하지만 소설의 글쓰기는 무척 자유로운 형식과 내용을 아우릅니다. 작가의 취향에 따라 소설 안에는 온갖 지식과 흥미로운 이야기들이 자유자재로 엮어집니다. 소설을 읽게 하면 다음과 같이 몇 가지 두드러진 학습 효과가 있습니다.

첫째, 글 읽기의 호흡이 길어집니다. 어떤 학습 활동도 소설 읽기만큼 긴 시간 몰입하고 지속할 수 있는 지적인 활동은 없습니다. 물론 소설책이 가진 흥미 요소가 그만큼 강력합니다. 하지만 한 가지 주제를 가지고 몇 시간 혹은 몇 달을 계속 집중할 수 있게 되면 향후 학술적인 활동이나 탐구 과정에서도 한 가지 주제에 장시간 집중할 수 있는 습관이 저절로 배게 됩니다.

둘째, 지식의 폭을 넓혀 줍니다. 소설의 재미에 끌리게 되면 소설 안에 흥미거리가 없는 내용이 포함되더라도 습관적으로 책장 넘기기에 빠져들어 일단 읽게 됩니다. 그런 과정에서 새로운 지식이 축적되고, 향후 그런 것과 관련된 지식이 다시 나타나면 처음보다는 더 흥미를 가지게 됩니다. 이런 일이 반복되면서 지식의 폭과 깊이가 생겨나게 됩니다.

셋째, 소설 안의 이야기는 결국 인간관계에 대해 매우 깊이 있는 설명을 해줍니다. 복잡한 인간 심리와 다양한 인물들의 전혀 다른 시각을 비교하면서 실제 경험으로는 다 익히기 어려운 측면들을 익히게 됩니다.

소설 읽기에 재미를 가지게 되면, 소설 보다는 훨씬 깊이가 없는 드라마나 가벼운 소재의 영화에 대해서는 흥미를 느끼지 않습니다. 결국 고급 예술에 대한 취향이 자연스럽게 자라나게 됩니다. 소설류도 아주 짧은 손바닥 이야기책(掌編)부터 시작해서 수천 페이지에 이르는 대하소설까지 있는데, 독서량이 늘면서 자연스럽게 장편이나 대하소설류로 독서 영역을 확장합니다. 흔히 삼국지, 서유기, 해리 포터 시리즈, 반지의 제왕, 나니아 연대기 같은 책들을 좋아하게 되는데, 이중 2~3가지를 읽게 되면 소설 읽기를 통해 얻을 수 있는 효과를 대부분 얻을 수 있게 됩니다. 도스토예프스키, 톨스토이, 괴테 같은 세계문학에 포함된 장편도 좋지만, 한국 소설에도 훌륭한 대하소설들이 많아서 취향에 따라 골라서 독서 수준을 높여 나갈 수 있습니다.

소설에는 남녀상열지사나 정치적인 성향이나 내용도 포함되는데 본인이 그 책을 선택해서 몰입해 읽을 수 있게 될 정도면, 그런 내용을 접하더라도 해롭지 않습니다. 독서 멘토링을 했던 중학교 1학년생이 '레미제라블' 완역본을 학교에 들고 갔다가, 교사로부터 책을 빼앗긴 적이 있습니다. 수준에 맞지 않는 책을 본 다는 이유였습니다. 이는 대단히 비교육적인 처사라고 할 수밖 에 없습니다. 독서는 첫 페이지부터 마지막 페이지까지 완벽하게 이해하면서 읽어야 하는 것이 아닙니다. 다소 어려운 내용이 있 더라도 한 번 접하게 되면 지식 수준과 이해 수준을 끌어 올리는 효과가 있습니다. 다소 어려운 내용을 담고 있다 하더라도 책을 읽는 학생 자신이 흥미를 느낀다면 수준이 맞는 것입니다. 독서 의 장점은 읽는 사람이 자신에게 적절한 속도로 지식을 흡수하 기 때문에 가장 자유로운 지식 흡수 활동이 됩니다. 두꺼운 책을 뒤적이며 책의 일부만 읽더라도 독자에게 큰 힘이 되는 경우가 적지 않습니다.

문학 고전들 중에는 책이 처음 나왔을 당시에는 센세이널한 반 응을 일으키면서 금서 목록에 올랐던 것이 많습니다. 그만큼 소 설은 자유로운 글쓰기이기 때문에 당시 사람들의 상식을 깨는 경우가 많았습니다. 그런 만큼 사회적으로 이슈가 되기도 했고, 당대의 보수적인 사람들의 공격을 받는 경우도 많았습니다. 하 지만 세월이 지나도 잊히지 않고 지속적으로 읽힌다는 것은 그 만큼 가치도 있고, 사회적으로도 가치를 인정받을 만한 것이기 때문입니다.

넷째, 그 다음 단계는 역사 소설, 그리고 자연스럽게 역사책으로 이어집니다. 대하소설이나 장편 소설은 일상적인 인간관계에서 일어나는 사건 하나가 아니라 주인공이 세월을 거치면서 변화하는 모습을 그리기 때문에 자연히 역사적인 내용을 다루게 됩니다. 그리고 중세나 고대의 역사를 배경으로 창작된 역사소설도 마찬가지입니다. 이 단계에 이르면 독서 수준은 이미 상당한 차원에 도달해 있다고 할 수 있으며, 그런 능력을 바탕으로 다양한 전문 서적들도 읽을 수 있는 능력이 생기게 됩니다. '홍길동', '장길산', '토지', '태백산맥', '한강'으로 이어지는 대하소설들은 한국의 중세부터 근현대사까지를 간접 경험할 수 있게 해줍니다.

다섯째, 대체로 고등학교 이상이 되면 일정한 수준의 독서 능력이 형성되지 않은 학생들에게는 학문적인 진보의 벽이 생기게 됩니다. 중학교 시절 특목고 입학을 위한 경쟁이 과열되면서 중학생들의 독서 시간이 턱없이 부족하게 되는 일은 대단히 안타까운 일입니다. 반복 학습과 문제 유형 암기와 같은 영양가 없는 학습이 성적 관리에는 도움이 되나, 독서 수준을 이 시기에 끌어올리지 못하면 학술적인 발전에서는 큰 구멍이 생기게 됩니다.

몰입 특성 보호가 교육의 효과를 가져온다

영재의 학습 태도에 있어 가장 특징적인 것은 '몰입'입니다. 보통 대학원 이상의 과정으로 들어가면, 학자가 어떻게 하면 특정 주제에 자신을 깊이 몰입하게 할 것인지가 훈련의 핵심이 됩니다. 일정한 수준 이상의 엘리트 대학원의 입학 허가를 받은 사람들은 평균 이상의 능력과 성취 업적을 가지고 있습니다. 그럼에도 전 세계에서 같은 주제를 가진 다른 많은 학자들과 경쟁해 새로운 학문적인 성취를 얻어내려면 초인적인 집중을 필요로 합니다. 이것저것 흥미 삼아 단기간 노력해서는 일가를 이룰 수 없습니다.

그런데 지능 지수 상위 2%(웩슬러 지수 130) 이상의 아이들은 이런 훈련 과정이 없어도 곧잘 몰입에 돌입합니다. 이 아이들은 자신이 흥미를 느끼는 주제에 대해 강하게 흡인되는 모습을 보입니다. 몰입했다가 다시 보통의 상황으로 잘 빠져 나와 주위 사람들과 잘 반응하고 다시 몰입이 필요한 상황이 되면 깊이 몰입할 수 있다면 더 바랄 나위가 없을 것입니다. 문제는 아주 어린 아이가 몰입 상태에 들어가 있을 때 이것을 비정상적인 것으로 취급하는 것입니다.

아이가 책이나 어떤 놀이에 빠져 있는 경우 불러도 대답을 하지 않았던 때가 있었는가? 때로 상대를 무시하고 듣고도 모른 체했다고 비난한 적이 있었던가? 영재들에게는 이런 경험이 아주 흔합니다. 평소에는 민감하고 청각, 시각, 후각, 미각이 그토록 예민한 아이가 자기 이름을 불러도 못들었다고 하면 믿지 못하는 어른들이 적지 않습니다. 하지만 이러한 경험은 아이가 순전히 몰입해 있었다는 것을 보여줍니다. 평소에는 온갖 감각 신호로 머리가 혼란스럽지만 아이 자신이 머릿속에서 만든 어떤 세계가 형성되면 그곳에 빠져들어 외부에서 오는 신호를 선택적으로 차단하는 일은 가끔 일어나는 현상입니다. 아이의 몰입에 대해서 세 가지 원칙으로 대응해야 합니다.

첫째, 이런 일을 의도적인 것으로 오해하면 안됩니다. 둘째, 적어도 가족들은 아이의 몰입 성향을 존중하고 보호해줘야 합니다. 왜냐하면 아이의 몰입 특성을 잘 보호하고 손상되지 않도록 한다면 지적인 활동에 있어서 최고의 경쟁력이 될 수 있기 때문입니다. 셋째, 몰입하는 일도 잘 통제할 수 있도록 도와줘야 합니다. 몰입을 통제하는 일은 시간이 많이 걸리고 매우 섬세한 일입니다. 다소 나이가 들어서야 통제가 될 수 있습니다. 이런 노력이 번잡하다고 해서 몰입 성향을 파괴하는 것은 큰 잠재력을 훼손하는 일입니다.

다만 몰입에 들어가고 나갈 수 있는 기회, 시간, 장소를 잘 선택할 수 있게 해줘야 합니다. 어린이집, 유치원, 학교에 다니기 시작하면 이 아이들의 몰입 기회는 곧잘 지장을 받습니다. 비정상적인 것으로 공격을 받을 위험이 큽니다. 초등학생 이하의 어린아이들은 평균적으로 아무리 재미있는 내용이라도 20~30분 이상 한 가지 주제에 집중하기는 쉽지 않습니다. 따라서 초등학교의 수업은 40~45분 정도의 수업이고, 한 번의 수업은 대체로 2~3개의 단계로 구분되어 프로그램 되어 있습니다.

영재아의 입장에서는 이런 시간은 짧은 토막으로 무언가를 느끼고 배우기에는 시간 사이클이 맞지 않을 수 있습니다. 무언가 흥미를 느껴서 시작할 만하다고 느끼면 다음 과제로 넘어가야 하는 상황을 강요받습니다. 내용 자체가 자신의 지적인 도전 과제로는 성이 차지 않을 수도 있습니다. 너무 시시하고 유치하고 기본적이라고 느낄 수 있습니다. 유치원을 처음 갈 때, 다시 초등학교에 가서 교실 수업을 받기 시작할 때, 아이들은 무언가 새롭고, 차원 높은 공부를 기대했다가 실망하는 경우가 생깁니다. 그렇다고 해서 이 아이가 또래 아이들에 비해 어떤 점으로든지 한눈에 보기에도 우수한 것으로 여겨지지는 않습니다. 장시간 아이를 긍정적인 눈으로 관찰하면 아이가 또래 아이들과는 다르다는 것을 알 수 있습니다. 하지만 대단한 고도 영재라고 해도 어린 아이가 그런 영재성을 항상 빛내는 것은 아닙니다. 여전히 신체 활동이 미숙하고 불균형한 어린 아이라는 점은 어쩔 수 없는 것입니다. 고도 영재나 초고도 영재일수록 학교생활 부적응이 더 두드러질 가능성은 더 높습니다.

학교에서의 부적응은 사실 그렇게 치명적이지는 않습니다. 오히려 더 치명적인 영향은 부모들의 오해에서 비롯됩니다. 많은 부모들이 아이의 몰입 경향을 병적인 것이나 나쁜 습관으로 취급하고 있습니다. 물론 몰입은 아이를 통제하는 데 있어서는 큰 걸림돌이 됩니다. 부모는 이제 아이가 말귀를 알아들을 만하고, 필요한 지시에 정확히 응할 수 있는 능력이 있을 것이라 기대하지만 아이는 자신이 집중하는 과제에서 좀처럼 헤어 나오지 못하는 경우가 많습니다. 어떤 부모는 아이가 굼뜨고 느려 터지다고 불평을 합니다. 그외에도 몇 가지 오해가 들어 있습니다.

첫째, 몰입 경향이 강한 아이들은 강제로 몰입하고 놀이에서 밖으로 내몰리는 것에 대해 강한 거부감을 가집니다. 깊은 잠에 빠진 아이를 물리적으로 강하게 흔들어 깨우는 것과 같습니다. 그렇다고 해서 아이에게 큰 부상을 입히는 것은 아니라도 정서적으로는 폭압적인 상처가 될 수 있습니다.

둘째, 아이가 느리고 굼뜨다고 하는 부모일수록 대체로 본인이 매우 급한 성격을 가지고 있고, 말의 속도도 매우 빠른 경우가 많습니다. 아이의 잠재력이 어느 정도 느껴지는 만큼 부모들이 아이가 어떤 과제를 아주 재빠르게 해치울 수도 있다는 것을 압니다. 하지만 아이는 부모가 원하는 활동을 쉽게 받아들이지 않을 수 있습니다. 자신이 재미있다고 생각하는 것에 좀 더 깊이 빠져들어 가고 싶은 것입니다. 그런 부모와 아이 사이의 고집 싸움이 아이의 태도를 그렇게 나타나도록 합니다. 부모의 지시에 대해 느릿하고 둔한 반응으로 나타날 수 있습니다. 이런 아이를 잡아 끌거나 강요하는 속도를 높일수록 아이는 더욱 무겁게 반응하면서 심리적인 고집싸움에 몰두하게 됩니다. 이런 일이 반복되고 장시간 지속되면 하나의 성격으로 점점 더 굳어질 수 있습니다.

셋째, 많은 부모들이 몰입 대상에 대해서도 불만을 표시하지만, 어린 아이의 몰입 대상은 그 자체로는 그것이 무엇이든지 큰 차이가 없습니다.

과제 선택의 자율성을 보장하라

흔히 공룡, 자동차, 지하철, 버스, 특정 캐릭터, 특정 기계 장치 등이 그 대상이 됩니다. 어린 아이에게 무언가 첫인상을 강하게 준 어떤 대상이 몰입의 대상이 됩니다. 어른들 생각에 가치 있는 것이 대상이 되면 좋겠지만 그렇게 되지 않습니다. 어른들은 나중에라도 경력이나 직업에 도움이 되는 주제에 집중하기를 원합니다. 영어 혹은 수학, 혹은 특정 악기나 체육 활동 같다면 좋겠다고 하지만, 그것은 어른들의 편견이거나 욕심에 불과합니다. 몰입 대상이 무엇이든지 장시간 관심이 집중할 수 있다면 결국은 장차 20대 이후에 학술적 활동의 기본 체력이 됩니다.

한 번에 몇 시간씩 한 가지 작업에 몰입하는 것도 부모들의 우려를 일으키지만 장기간에 걸친 몰입도 걱정을 유발합니다. 몇 년간을 특정한 대상에만 집중하고, 그 대상이 아닌 것에 대해서는 거부하고 관심을 가지려 하지 않는 경우가 있습니다. 어떤 아이는 공룡에 집착하면서 티셔츠도 공룡 캐릭터가 있는 것만 고집하고, 자신이 사용하는 생활용품에 공룡 캐릭터만을 고집합니다. 물론 대부분의 경우는 몰입 대상이 몇 년 후에는 바뀌기도 하고 좀 더 고차원적인 것으로 진화하기도 합니다. 많은 부모들이 그런 것이 병적인 집착이 아닌지 문의합니다. 어쩌면 평생 그런 것에만 집착하는 일종의 도착이 되는 것이 아닌지 염려합니다. 하지만 이런 것은 공연한 걱정에 불과합니다. 오히려 그런 특성은 아이가 장차 남다른 전문성을 발달시킬 수 있는 기반이 됩니다.

'한 가지 분야에 있어 전문가가 되려면 1만 시간이 필요합니다'라는 이야기를 들어봤을 것입니다. 하루에 10시간을 투자해 3년을 꼬박 지속해야 한다는 이야기입니다. 하루 3시간 정도 투자해 10년을 지속해야 그 분야의 전문가로 인정받을 수 있습니다. 모든 이들에게 10년 이상의 세월이 주어지지만, 그중에서 한 가지 분야에 10년을 지속적으로 투자하는 사람은 많지 않습니다. 그럴 수 있는 사람의 비율도 전체 인구의 2% 이하입니다. 뒤집어서 이야기한다면, 영재성을 제대로 양육할 수 있는 최고의 비밀은 몰입 특성의 발견과 보호에 있습니다. 부모들이 몰입 특성을 죽여버리지만 않는다면 그 자녀는 결국은 어떤 분야의 일가를 이룬 대가가 될 것입니다.

심층 상담을 나눈 가족들의 절반 이상이 던지는 질문이 있습니다.

"왜 이 아이는 ○○○ 같은 정말 쓸데없는 것에 집착하는 것일까요?"

"어린 아이의 몰입 대상은 사실 중요한 것이 아닙니다"라고 수없이 설명했음에도 게시판에 올라오는 글에도 비슷한 질문이 계속되고 있습니다.

몰입의 대상이 중요한 것이 아니고, 몰입의 정도와 지속 시간이 중요합니다. 어떤 대상이라도 몇 시간 연속해서 몰입하는 것 자체는 그 자체로 매우 드문 일입니다. 그것이 몇 년간 지속되는 일도 희귀한 일입니다. 그렇게 하는 아이에게는 다른 이에게는 없는 아주 특별한 정신적 특성이 있는 것입니다. 학자들은 이런 것을 '자발적 동기 유발'이라고 부릅니다. 스스로 어떤 대상을 정하고, 대상에 대한 생각이나 조작을 지속해 나갑니다. 그리고 스스로 일정한 목표를 세우고 그 목표에 도달할 때까지 반복하고, 실패해도 다시 도전하기를 반복합니다. 이런 특성은 그 자체로 희귀하기도 하지만, 경쟁력과 수월성이 나오는 기본 원천입니다. 이런 아이들을 '성취 동기'가 강합니다. 여기서 중요한 것은 대상과 목표를 스스로 정한다는 것에 있습니다.

누군가 아이에게 "이것을 이렇게 해서 여기까지 해야 돼"라고 지시하거나 요구하는 경우도 있습니다. 어떤 아이는 그것에 곧 잘 순응하고 목표 달성에 최선을 다하고 성공합니다. 부모와 같이 기뻐합니다. 그러나 그런 경우는 일시적입니다. 일정한 때가 지나면 아이는 대상과 목표 설정을 자기 스스로 정하려고 합니다. 부모들은 그런 자기 결정권을 존중해줘야 합니다.

"어린 네가 얼마나 알겠어?"
"어린 네가 정한 것이 오죽하겠어?"
"이런 것도 못하니? 이렇게 하도록 해라."

많은 부모들이 수없이 반복하는 잔소리일 것입니다. 이런 잔소리들은 적어도 부모 자녀 관계에 있어서 도움이 되지 않습니다.

관계를 망가뜨리고 점차 대화의 벽을 만들어 버리게 됩니다. 첫째는 아이의 의사를 존중하지 않고 있습니다. 둘째, 특정한 과제나 주제만이 현명한 선택이라는 전제가 들어 있습니다. 셋째, 아이의 특성이 강한 만큼, 이런 잔소리가 실제로 아이를 그런 방향으로 밀어나가는 힘이 크지 못합니다. 강요하거나 설득하려 하지 말고 유혹해야 합니다. 그리고 때를 잘 선택해야 합니다. 아이를 길들이려고 하지 말고, 아이가 가진 결에 따라 부드럽게 유도해야 합니다. 말투는 친절하지만 기어이 부모가 선택한 대상에 집중하기를 집요하게 시도하는 사례도 많습니다. 아이들은 부모의 의도를 꿰뚫어 보고 있으며, 부모와 고집 싸움을 벌이거나 좌절감을 느낍니다.

"그런 것이 재미있다니, 참 신기하네. 네가 하는 것을 보니 나도 재밌게 느껴지네."

"아, 이런 재미가 있었구나. 그런데 이런 것도 그에 못지않게 재미있단다."

어떤 아이가 수학에 한참 흥미가 꽂혀서 며칠 몇 달을 숫자가지고 논다고 하면, 많은 부모들이 이 아이가 영어에 대해서도 관심을 가지고 학습을 해야 한다고 안달합니다. 반대로 영어에 재미가 들어 매일 영어 공부에 매달리면, 영어 책을 빼앗고, 수학 학습지를 들이미는 경우도 있습니다. 영재들이 몰입하는 시간과 장소를 절실히 필요로 하는 것만큼, 주제 선택의 자율성 역시 매우 중요합니다. 학습에 몰입할 수 있는 습관 형성에 있어 매우 핵심적인 조건입니다.

영재들은 고집이 세고, 스스로 좋아하는 것과 싫어하는 것이 분명합니다. 자기가 하고 싶은 것을 못하게 하고, 어른들이 원하는 것을 들이미는 것은 대단히 어리석은 양육 태도입니다. 부모들은 아이의 선호도를 쉽게 바꾸려고 해서는 안됩니다. 돛을 잘 다루는 사공은 바람의 때를 기다리거나 바람의 방향을 이용해 돛으로 목적지로 가까이 갑니다. 결코 바람의 방향을 결정하지 못합니다. 아무리 사공이 유능하고 힘이 세어도 바람의 방향을 바꿀 수도 막을 수도 없습니다. 아이에게 보다 고차원적인 대상을 발견하도록 체험의 폭을 넓혀 주는 노력은 지속하지만, 무엇에 대해서 관심을 가지고 집중해야만 한다고 강요해선 안됩니다.

진도 속도와 단계는 스킨십만큼 중요하다

아이들에게 가장 적당한 학습 속도는 시시각각 변합니다. 영재교육의 핵심은 진도 관리와 속도입니다. 우선 영재들은 단순한 반복 학습이나 단순 암기에 대해 거부감을 강하게 갖습니다. 이런 특성을 가진 아이들은 그런 거부감조차 너무 강하기 때문에 부모들이 당황하게 됩니다. 반복 학습이나 단순 암기 과제에 대해 손 사례를 치거나 고개를 흔들어 버립니다. 싫다고 하더라도 그 거부하는 몸짓이 과격해서 깜짝 놀라기도 합니다.

이런 경향은 거의 본능적인 것으로 반복 학습을 대부분의 아이들이 싫어하지만, 지적 특성이 강한 아이들은 싫어하는 정도가 강합니다. 무엇보다 먼저 알고 염두에 두어야 할 사항이 있습니다. 단순 암기나 반복 학습 효과는 아이들마다 많이 다릅니다. 지수 120 이상(웩슬러 지수 기준, 상위 10%) 인 아이들은 또래의 평균 아이들보다 어떤 내용을 암기하거나 익히는데 반복 횟수가 절반 정도면 같은 효과를 냅니다. 지수 130 이상(웩슬러 지수 기준, 상위 2%) 정도가 되면 학습량은 20~30% 정도면 같은 효과가 생깁니다. 결국 과제의 양은 적정히 조절해야 하는데, 불필요한 단순 반복을 강요하는 것은 학습 의욕을 감퇴시킵니다.

예를 들어 두 자리 곱하기 한자리 문제를 100문제 정도 계산하는 숙제가 있습니다. 지적 특성에 따라서 어떤 아이는 100문제를 다 연습하는 것보다는 50문제 정도를 푸는 것으로 충분할 수 있습니다. 또 어떤 아이는 20문제만 풀게 하는 것이 적합합니다. 20문제 정도를 풀게 한 다음, 정확도가 90%가 넘어가게 되면, 충분한 숙련이 되었다고 인정해주고 일정한 칭찬을 한 다음,

다음 단계에 도전하도록 하는 것이 훨씬 효율적입니다.

물론 학교의 교사가 아이에 따라 과제 양을 개별적으로 정해 줄 수는 없을 것입니다. 따라서 학교 교사가 학생들의 특성에 따라 과제 양을 개별적으로 가장 적당한 수준으로 조절해 주기를 기대할 수는 없는 일입니다. 학생 자신과 학부모가 조절하는 것이 실제로 적당합니다. 어떤 아이에게는 100문제가 아니고, 20문제만 푸는 대신, 세 자리 곱하기 두 자리 문제를 10문제 더 풀게 하는 것이 효과적입니다. 더욱이 학원에서 주는 과제는 학부모가 아이와 의논해 과감하게 줄여도 됩니다. 그렇게 하는 것이 학습의 효율을 높이는 길이 됩니다.

Chapter 10

학습량은 많으면 많을수록 좋다?

　물론 어른들 욕심으로는 아이가 더 많은 훈련을 받아 들여야 됩니다. 그것이 유리할 것이라고 쉽게 생각합니다. 그러나 지적 특성이 강한 아이들은 학습량을 늘이는 것만으로는 효과를 보기 어렵습니다. 경험이 많은 지도 교사가 아이의 특성과 반응에 따라 과제 양을 적절히 조절하면 최대의 결과를 유도할 수 있습니다. 과제의 양은 많으면 많을수록 좋은 것이 아닙니다. 일정한 정도의 숙련도가 생기면 보다 차원이 높은 문제에 도전하도록 하는 것이 좋습니다. 결국 학습이란 단기간에 보다 고차원적인 개념과 문제 해결 능력으로 끌어 올리는 작업인 것입니다. 고차원적인 문제에 도전하려면 보다 기본적인 문제 풀이에 숙달될 필요가 있는데, 어느 정도가 적정한 것인지에 대해 상당히 효과적인 가이드라인이 있습니다. 1대1 멘토링을 해본 경험이 많은 교사는 그 가이드라인에 대해 상당한 노하우가 있기 마련입니다. 그러나 1대1 멘토링 경험이 적고 교실 수업이나 그룹 지도를 많이 한 교사는 적정한 훈련량과 숙련도에 대해서 정밀한 기준을 가지고 있지 못합니다. 그러다 보니 일단 훈련량이 많은 것이 우선은 좋을 것이라고 생각합니다. 이해도가 중요한 수학 과목의 경우는 이런 무조건적인 과제 늘리기가 학생들의 학습 의욕을 깎아 내리는 부작용을 일으킵니다. 중학 과정까지는 학습 의욕 상실을 단기간의 결과를 얻기 위해 눈 감고 지날 수도 있습니다. 성적으로 보상할 수 있습니다. 하지만 고교 이상의 고차원 이론에 대해 능력을 갖추게 하려면 개념의 차원을 높여야 합니다. 고등학교 이상의 고등 개념에 접근하기 때문에 이런 스파르타식의 훈련량 늘이기는 소탐대실이 됩니다.

학습량은 무조건 많아야 한다는 편견이 수많은 영재들이 어린 시절 가지고 있던 영재성을 상실하게 되는 가장 큰 원인이 됩니다. 학습량은 적절히 조절되어야 높은 효과를 보입니다. 우격다짐으로 지식을 머릿속에 쏟아 넣을 수는 없습니다. 지적 특성이 강한 아이들에게 가장 힘든 부분은 학습 소화 능력이 아닙니다. 영재 교육에 있어 가장 어렵고도 중요한 부분은 동기 유발입니다. 동기 유발을 극대화하는 방법은 '자기 주도성'에 있습니다. 자기가 선택한 과제를 자기가 원하는 속도로 진행시키면 효율이 높아집니다. 부모들이 아이의 학습 주도성을 선뜻 인정하지 못하는 것을 이해하지 못하는 것은 아닙니다. 영재에게는 강한 지적 요소와 유치함이 동시에 있습니다. 부모들 입장에서 모든 것이 어리고 경험이 적은 아이에게 선택의 폭을 무한정 줄 수는 없습니다. 상담을 진행하다가 보면 이미 고등학생, 대학생이 된 자녀에게도 일정한 자율성을 주지 않는 부모가 많습니다. 자율성이 자라나지 못하게 하는 것은 자녀 양육의 실패가 됩니다. 물론 일정한 능력이 배양되기 위해서는 반복적인 훈련이 절대적으로 필요합니다. 어린 아이들은 반복 훈련을 누구나 싫어합니다. 그럼에도 불구하고 어떤 아이들은 엄청난 훈련량을 감수합니다. 부모들은 그런 훈련을 감수하는 다른 집 아이들이 부럽고 자신의 아이에게 힘든 과정을 견딜 수 있게 하는 정신력을 가지게 하고 싶습니다. 예를 하나 들어 보겠습니다.

피겨 챔피언 김연아가 어린 시절 훈련받던 때의 이야기가 있습니다. 훈련 과정에서 어떤 부분을 실수한 것을 본 엄마가 훈련이 끝나자, 아이를 불러 세워 질책을 한 뒤, 링크를 백 번을 돌라고 했었습니다. 주변의 부모들은 그런 것을 요구하는 엄마에 대해서도 놀랐지만, 실제로 백 번을 끝까지 도는 아이에 대해서도 기가 질렸습니다. 결국 같이 훈련받던 모든 아이들과 부모들은 저 아이에게는 이길 수 없다고 느꼈다고 합니다.

이런 일화를 통해 우리는 어떤 교훈을 얻어야 합니다. 챔피언으로서 획득한 메달은 꽃이지만, 엄청난 훈련량은 꽃을 피우는 줄기에 해당합니다. 사람들은 꽃을 부러워 하지만 크고 탐스런 꽃을 피우게 해주는 줄기의 튼튼함도 부러워합니다. 그러면서 내 아이에게도 저렇게 혹독한 훈련을 받아들이라고 채찍질해야 한다는 생각을 합니다. 하지만 대부분의 부모들은 그래야 할 것인지, 끝까지 그렇게 할 수 있을지 계속 흔들립니다. 그래서 일관성 없는 태도로 아이에게 훈계를 늘어놓다가 쉽게 포기하기를 반복합니다.

탐스런 꽃을 피우기 위해서는 줄기도 튼튼해야 하지만, 한 차원 더 깊이 내려가야 합니다. 줄기가 튼튼하려면 땅 밑에 매우 깊고 강인한 뿌리가 있어야 합니다. 챔피언이 엄청난 훈련을 감수하도록 만든 것은 그만큼 강렬한 성공에 대한 욕심이 있었기 때문입니다. 강렬한 성공에 대한 의지를 아이에게 심어주기 위해서는 훨씬 깊은 철학이 필요합니다.

Chapter 11

동기 유발, 3가지만 준비하자

올바른 영재 교육, 성공적인 영재 교육의 핵심은 '동기 유발'의 성공입니다. 우리 아이가 영재가 아니어도 마찬가지입니다. 자녀 양육의 성공은 아이에게 어떻게 강렬한 성공에 대한 의지를 심어주느냐에 있습니다.

동기 유발의 핵심 요소 3가지는 애정, 체험, 공적 의식을 들 수 있습니다.

부모의 사랑과 관심이 아이를 움직인다

 자녀의 나이가 적은 경우, 아이에게 가장 효과가 큰 요소는 부모와의 관계입니다. 스스로 자신의 어린 시절을 돌아보면 수긍할 수 있을 것입니다. 열 살 이하의 어린 시절 나를 움직인 가장 강력한 동기는 무엇이었을까요? 부모의 칭찬, 인정, 그리고 함께 하는 시간입니다. 어른들은 세파에 시달리다가 보니 인간관계에 지치고 삶의 여유를 잃어버리고 자신도 모르는 사이 정서가 메말라 버릴 수 있습니다. 그래서 모든 보상은 금전이나 좋은 물건, 맛있고 비싼 음식 등 무언가 물적인 보상이 우선인 듯 착각합니다. 열 살 이하의 어린 아이들을 움직이는 힘은 원론적으로 돈이 들지 않습니다. 부모가 아이를 자랑스러워하고, 사랑스러워 한다는 것이면 충분합니다. 그런 느낌, 눈빛, 그런 말이나 태도 같은 것들입니다.

 지금 아이가 부모를 좋아하고 부모와 같이 지내는 시간을 더 원하고 있다면 기본적으로 문제가 없는 것입니다. 그런 관계를 지렛대로 삼으면 아이들은 아주 쉽게 동기 유발이 됩니다. 부모로부터 칭찬을 듣고 싶고, 자신을 사랑스럽게 바라보는 눈빛을 보고 싶어서 아이들은 많은 과제를 감수할 수 있습니다. 세상에 자신의 아이를 사랑하지 않는 부모는 없을 것입니다. 하지만 애정을 표현하는 정도에는 상당한 차이가 있습니다. 아이가 빛나게 하고 싶다면 아이를 바라보는 부모의 눈빛이 먼저 빛나야 합니다. 전혀 돈이 들지 않습니다. 약간의 물건과 맛있는 음식이나 좋은 옷은 사실 그런 부모의 마음을 조금씩 더 강하게 전달하기 위한 소도구에 불과합니다. 물질적인 것들은 사실 상대적인 것입니다. 물질적인 효과를 나타내려면 얼마 이상은 되어야 효과가 있다는 것은 허상일 뿐입니다. 아이에게 어떤 선물을 주었을 때,

"에이 겨우 이거야?"

라는 반응이 있다면, 무언가 뒤틀린 무언가가 있다는 것을 암시합니다. 선물은 있지만 사랑스러워 하는 눈빛이 부족할 수 있습니다. 혹은 누군가 다른 사람이 받은 선물 혹은 다른 사람이 준 선물과 비교한 것일 수도 있습니다. 물질적인 선물은 항상 비교가 쉽게 된다는 것에 문제가 있습니다. 아이의 잠재력을 개발할 수 있는 힘은 부모의 조건 없는 애정입니다. 아무리 많은 사랑도 절대로 지나치지 않습니다. 어떤 이들은 부모의 자식 사랑이 넘치면 아이를 버릇없이 키운다고 하지만 그것은 맥락이 다릅니다. 사랑하는 마음이 먼저입니다. 아이의 예절과 습관 바로잡기는 오히려 기술에 가깝습니다. '애정이 너무 지나치다 아니다'의 문제는 사실 애정 표현의 적절함에 대한 문제인 경우가 많습니다. 애정 표현에 대해서도 필자는 '많을수록 좋다'고 확신

합니다. 남들이 흉을 보거나 지나치다고 비평하는 일은 자식이 잘 크는 것에 비하면 중요한 일이 아닙니다. 부모로부터 애정 표현을 듬뿍 받은 아이들이 스스로도 애정 표현을 잘하고 그런 아이들이 밖에서도 사랑 받는 성격을 갖게 되는 것은 너무나 당연합니다.

그런데 조건이 없어야 합니다. 부모가 애정 표현을 적극적으로 함으로써 동기 유발이 되는 것을 확인할 수 있습니다. 이때 아이들이 일정한 성과를 보이게 되면 부모에게는 어느 틈엔가 욕심이 들어갑니다. 작은 성취와 성과에 대해 만족하지 못하고 아이를 압박하고 자극하기 위해 애정 표현을 거꾸로 활용하기 시작하는 경우가 많습니다. 애정을 표현함에 있어서 일관성이 없다면 그것도 문제가 될 수 있습니다. 부모가 자신이 기분 좋을 때나 어떤 조건이 충족되었을 때만 애정을 표현하고, 그렇지 않으면 무서운 표정을 짓고, 귀찮아하는 모습을 연출한다면 어떻겠습니까? 적어도 아이들이 열 살보다 어리다면 조건 없이 언제나 애정을 표현해줘야 합니다. 내가 지치고 힘들 때라도 아이에게 애정 표현을 하기 어려울 지경이라면 사실 그 가정에 문제가 있는 것입니다. 아이가 철이 들면 부모도 힘이 들 때도 있다는 것을 설명할 필요가 있습니다. 그러나 아이가 어릴 때는 부모는 아이들에게 하나님과 다를 것이 없습니다.

두 얼굴을 가진 하나님

둘째 아이가 만 세 살 정도 되었을 무렵이었습니다. 자기 방 침대에서 뒹굴 거리던 둘째가 문득 이런 소리를 했습니다.

"내가 어렸을 때는 아빠가 하나님인지 알았어."

만 세 살짜리가 자기가 어렸을 때라는 말이 무척 우스웠지만 그 다음에 무슨 소리를 하나 궁금해졌습니다.

"그런데 조금 지나니까 하나님은 아니란 걸 알았어. 그래서 '하나님이 보내 준 천사인가?' 했어."

그래서 물었습니다.

"그래, 지금은 아빠가 뭐인 것 같아?"

"음 잘 모르겠어. 하지만 상관없어. 나는 행복해."

그때 문득 깨달았습니다. '어린 아이들에게는 부모가 하나님일 수도 있겠구나!'

부모는 아이들에게 살과 뼈를 나눠준 것입니다. 그리고 그들을 보호하고 먹이고 입히고 재웁니다. 아이에게는 부모는 가장 가까이 있는 어른으로 그들보다 크고 힘이 세고 여러가지 그들로서는 어려운 일들을 해낼 수 있습니다. 아는 것도 많고, 많은 것을 설명해줍니다. 그리고 아이들은 성장하면서 부모들이 만능도 아니고, 모르는 것도 있다는 것을 점차 깨달아 갑니다. 하지만 적어도 만 열 살이 될 때까지는 그런 느낌과 관념을 유지하는 것이 일반적입니다. 그런 존재가 때로 자기로서는 이해하기 어려운 이유로 화를 내고 매를 들고 큰 소리를 친다고 생각해봅시다. 아이들에게는 한 없이 자애롭고 자기만을 위해 주는 따뜻한 얼굴과 너무나도 무섭고 적대적인 얼굴을 가진 이해하기 어려운 존재가 되는 것입니다.

아이에게 예의 바르고 사랑스럽고 다른 사람들과도 잘 어울릴 수 있는 습관과 태도를 길러 넣어주는 것은 중요합니다. 하지만 아이를 두렵게 해서 두들겨서 그런 아이를 만들려 해서는 안됩니다. 적어도 열 살 이전에는 부모와의 친애의 감정이 우선되어야 합니다. 좋은 습관과 태도를 만들어 주기 위해서는 그런 모습을 실제로 보여주고 다른 사람에게 폐를 끼쳤을 때는 사과하고 보상하는 모습을 실천해야 합니다. 부모는 아무렇게나 하면서 어린 자식에게는 매를 들어 그런 예의와 태도를 심어 주려 한다면 그런 양육이 성공적이겠습니까?

자녀가 여럿이기 때문에 자녀에 대한 애정 표현이 제한을 받는 경우도 많습니다. 이에 대해서 설명하려면 또 하나의 챕터가 필요하므로 책 뒷부분으로 돌리겠습니다. 동기 유발의 두 번째 요소인 체험에 대한 설명으로 넘어가도록 합니다.

열정을 갖고 새로운 환경을 체험하게 하라

'백문 불여일견'(百聞 不如一見)

아무리 자세한 설명이어도 한 번 실제로 눈으로 보여주는 것만큼 많은 정보를 한꺼번에 줄 수는 없습니다. 실제로 한 번 만져보고 먹어 보고 현장에 가서 그 분위기를 느끼게 하는 것은 동기 유발 효과라는 면에서 비교가 되지 않습니다.

90년대까지 IBM을 컴퓨터 업계의 부동의 1위로 만들었던 신화적인 CEO가 있었습니다. 지금에 와서야 IBM도 지난 세월의 영광이 퇴색하고 있지만, 한때는 컴퓨터 업계는 IBM과 그밖의 회사들로 불릴 정도였습니다. 회사를 이런 독보적인 지위에 올려놓은 사람입니다. 왓슨 회장입니다. 왓슨 회장은 실적이 좋은 영업 사원을 불러 최고급 호텔에서 최고의 식사를 대접하고는 했습니다. 그야말로 '성공의 맛(Taste of Success)'을 보게 해준 것입니다. 그들이 노력하면 최고의 상류사회에서 평생 이렇게 수

IBM 회장(1914~1956) 왓슨
(Thomas John Watson 1874~1956)

준 높은 대접을 받을 수 있다는 것을 실감하게 함으로 경쟁이 치열한 컴퓨터 업계에서 가장 유능한 영업 사원들이 최선을 다하도록 하는 데 성공한 것이었습니다.

필자도 7년간 진행된 '동기 유발 수련회(Motivation Camp)'에서 그런 효과를 실감하고 있습니다. 고등학교 3학년에 진입하는 학생들을 30여 명 데리고 최고 명문 대학의 캠퍼스 투어를 진행합니다. 대학의 홍보 대사(1학년 신입생의 역할)들이 자신의 학교를 자랑하고, 어떻게든 그 대학의 교수를 섭외하여 대학 강의실에서 특별 강의를 짧게라도 듣게 합니다. 명문 대학의 학생과 교수들은 특별한 말을 하지 않더라도 학교에 대한 자부심을 가지고 있다는 것을 느끼게 해줍니다. 고등학교 2학년이 될 때까지 학생들은 지속적으로 '공부 열심히 하라'는 소리를 귀에 못이 박히도록 들었을 것입니다.

"얘야, 더 열심히 공부 좀 해라. 좋은 대학을 가면 평생 너에게 유리한 걸 모르겠니?"

물론 아이들도 그걸 모르는 것은 아닙니다. 하지만 세상을 살면서 명문대학의 네트워크가 없어서 무언가 뼈아픈 좌절이나 기회 박탈을 당해 본 어른들이 느끼는 것과는 다릅니다. 그런 경험이 없는 학생들은 그런 이야기가 실감될 리가 없습니다. 그럼에도 그걸 위해서 한창 나이의 봄날들을 덮어 버리고 시험 문제 풀기를 무한 반복 학습을 해야 하는 젊은 청춘들의 답답하고 막막함 또한 이해 못할 일이 아닙니다. 수련회 진행하는 동안, '공부를 열심히 하라'는 멘트는 한마디도 하지 않습니다. 그저 아이들이 최고 명문 대학의 캠퍼스를 친구들과 한 번 방문하는 것에 지나지 않습니다. 그런데도 입시 결과는 눈에 띄게 좋아집니다. 다음 해가 되면 명문 대학에 입학한 캠프 참가자들을 초대해 1년 후배들에게 자신들의 체험을 전달할 수 있게 시간을 줍니다. 그리고 입학생들에게 실제로 캠프 참가가 어떤 효과를 주었는지 한 마디씩 물어 보았습니다.

대학 캠퍼스에 들러 교수님의 특강을 듣고 있는 고등학생들

"처음에는 캠프 참가 3박 4일이 아깝다는 생각을 했어요. 그래서 담임선생님에게 참가해야만 하냐고 묻기도 했어요. 그런데 캠프가 끝날 때는 오길 잘했다고 느꼈지요. 정말 그 대학에 입학하고 싶다는 마

음이 저절로 솟아오르더라고요."

"정말 한 3개월은 공부를 열심히 한 것 같아요. 그러고 나니까 과목별로 등급이 2~3등급씩 올라가더라고요."

고등학교 3학년이 되어서도 여전히 공부하지 않은 학생들은 없습니다. 대한민국 사람이라면 누구나 그럴 것입니다. '우리나라 사람에게는 대학 입시가 중요하다'는 이야기를 얼마나 오랫동안 듣고 또 들었던가? 본인들도 '적어도 올해 1년은 열심히 할 것'이라고 다짐을 합니다. 그래서 고3 학생 모두가 놀지 않고 공부를 하긴 하지만, 억지로 하는 공부와 무언가 강렬한 욕구가 있어서 하는 공부는 그 질적 농도에서 차이가 날 수밖에 없고, 결과도 다릅니다. 그리고 그 차이가 인기도에서 꽤 차이가 나는 대학에 합격하는 결과로 나타납니다.

'체험의 힘'이란 것이 그런 것입니다. 견물생심(見物生心). 눈으로 실제로 보면 탐이 나는 것입니다. 그것이 힘든 것을 참아내고 훈련을 감수하게 하는 원동력이 됩니다. 교실에 갇혀 있는 학생들은 졸리고 힘들고 답답해 하지만, 박물관, 미술관, 기념관, 체험학습장, 전시회, 공연장을 찾은 아이들은 생생하게 새로운 사물에 대한 정보를 빨아들입니다. 그리고 구체적으로 자기가 이 사회의 어떤 분야로 진출하게 될지에 대해 생각하게 됩니다. 현장에서 일하는 사람들의 목소리를 듣게 되면, 그 분야에서 한 가지 역할을 담당해 중요한 지위를 차지하게 된 자신의 모습을 그리게 됩니다. 그것은 너무나 자연스럽고 당연한 것입니다.

학교는 마치 공장처럼 아이들을 규격화하고 틀에 가두지만, 체험은 아이들 하나마다 각각 다른 영향을 줍니다. 아이들에게 지적 자극을 주고, 호기심을 유발합니다. 아이들은 자신이 발견한 새로운 것으로 한 발 더 가까이 접근하게 됩니다. 상업적으로 진행되는 체험은 사실 너무 통제가 많습니다. 15~20명 정도의 아이들을 줄을 세워 끌고 다니는 것은 사실 체험 학습이라고 하기엔 너무 무료한 것입니다. 줄도 서지 않고, 관람 시간도 제각각 자기 맘에 드는 만큼 허용되어야 합니다. 사람마다 특정한 전시물이나 체험 아이템에 대해 흥미도가 다릅니다. 무언가 특별한 체험으로 아이들의 인생에 변화를 일으키려면 그런 몰입의 정도가 달라야 합니다. 어떤 주제에 집중하면 한 가지 항목에 대한 정보를 삼십 분이든지 한 시간이든지 깊이 몰두할 수 있고, 친구들과 토론도 하고 자신이 가진 다른 정보를 공유할 필요도 있습니다. 가족 단위의 견학과 여행이 더 값진 체험이 될 수 있습니다. 하지만 학교나 커뮤니티가 체험 행사를 기획하면 훨씬 다양한 곳을 다닐 수도 있고, 더 많은 효과와 더 깊은 영향을 꾀할 수 있습니다.

공적 리더십을 통해 호연지기를 가르쳐라

"이게 다 너 잘 되라고 하는 소리다. 네가 공부해서 네가 출세하라는 건데 왜 그러니?"

아마도 부모에게서 한 번 정도는 들어봄 직한 말일 것입니다. 아니면 자신의 자녀들에게 한 번쯤은 해본 소리일지도 모릅니다. 그런 소리를 들은 자녀들은 겉으로는 대답하지 않지만 속마음에는 대꾸가 있을 것입니다.

"저는 지금 이대로 좋거든요. 나중에 무슨 영광을 본다고 저를 자꾸 밀어붙이세요?"

상당히 많은 경우, 부모는 자신이 이루지 못했던 어떤 것을 자녀에게 강요합니다. 자신이 유독 부러워했던 그 무엇을 자녀를 통해 성취하려는 '대리 만족'일 수 있습니다. 그렇게 의심 받을 만한 것이 적지 않습니다. 무엇보다도 학교 성적은 자녀들의 장기적인 성공을 위해 절대적으로 좋아야 되는 것이 아닙니다. 특히 초등학교 성적은 아이의 성적이 아니고 엄마의 열성도에 따른 경우가 많습니다. 학부모들 사이에 경쟁이 아이들의 장래보다 앞서는 일이 많습니다. 학교 성적이나 입시 결과에 대해 지나칠 정도로 집착하는 건 절대로 건강한 것이 아닙니다.

사회생활을 하는 사람이 더 많은 수입을 얻고자 하는 것, 학교 다니는 학생들이 더 좋은 성적을 얻고자 하는 것은 당연합니다. 따라서 실제로 직장을 다니지 않는 사람이나 학교에 출석하지 않는 식구가 그 결과에 대해 더 많은 것을 요구하는 일은 원론적으로 불필요한 일입니다. 더 많은 수입을 원하지 않을 사람도 없고, 더 좋은 성적을 원하지 않을 사람도 없습니다. 아무런 잔소리를 하지 않더라도 더 많은 수입, 더 높은 성적은 본인 스스로 원하는 것입니다. 아이가 경쟁에 지치지 않고 꾸준히 자기 발전을 위해 노력하게 하려면 공적인 목표에 대한 사명감을 가져야 합니다.

청소년 시기에는 위인전을 다시 한 번 읽어야 합니다. 어린 시절 읽은 위인전은 엉터리가 많습니다. 위인의 남다른 점이 부각되도록 과장한 내용도 많습니다. 또 위인의 어두운 부분은 일부러라도 자세히 다루지 않았을 수 있습니다. 그런 위인전이 아니고, 보다 자세한 내용을 담고 있는 위인전을 읽어야 합니다. 좋은 위인전을 읽으면, 그 위인들이 왜 어려움과 고통을 무릅쓰고 수많은 모험과 도전에 진력했는지 이해할 수 있습니다. 그들에게는 역사적 사명감이 있었습니다. 민족이나 국가 혹은 자신이 속한 공동체가 발전하기 위해서는 어떤 난관이 있는지 직시했고, 아무도 그 문제를 해결하지 못할 때 자신이 해야 만한다고 어떤 목소리를 들은 것입니다. 그리고 자신이 할 수 있다고 느꼈던 것입니다. 우리는 그런 것을 '공적 의식'이라고 부릅니다. '소명'이라고도 합니다. 자신이 국가나 민족 또는 자신의 공동체를 대표하고 있다는 의식을 마음에 품고 그것이 마음 속 깊게 뿌리내려야만 합니다. 그래야 자신의 잡다한 즐거움과 모든 욕심을 억누르고 필요한 일에 매진할 수가 있고, 고된 훈련과정을 감수할 수 있게 되는 것입니다. 동기 유발 수련회 마지막 날에는 남산에 있는 안중근 기념관을 반드시 들립니다. 안중근은 대표적인 항일독립 투사요 유공자이기도 하지만, 대표적인 독립투사로 오랫동안 존중 받았고, 기념관도 아주 잘 조성되어 있기 때문입니다. 관람이 끝나고 반드시 전달하는 메시지가 있습니다.

안중근 기념관에서 학예사 설명을 듣는 학생들

"지금은 다소 힘들게 느껴질지 모르지만, 고등학교 3학년 1년 동안 밤잠을 안 자고 공부하는 것은 그렇게 힘든 일이 아닙니다. 노력해서 좋은 직장을 얻고 출세하는 것도 지나고 나면 다 해볼 만한 것들입니다. 여기 초대를 받아 올 정도의 학생이라면 능력이 없는 것도 아니고 게으름 피운다고 달리 생길 것도 없으니 그저 일 년 정도 조금 더 공을 들이면 됩니다. 정말 힘든 것은 그런 것이 아닙니다."

"기념관에서 안중근의 생애를 보았듯이, 나라가 망하면 우리는 딜레마에 빠지는 것입니다. 조국과 민족이라는 대의명분을 따르면, 집안이 멸망하고, 내 가족이 고통을 당하게 되고, 집안을 살리고 가족에게 편안한 삶을 주고자 하면, 민족을 배신하고 동족에게 죄를 지어야 하는 것입니다. 앞으로 우리에게 또 다시 그런 역사가 반복되어서는 안되겠지만, 여러분이 좋은 학교에 가고, 좋은 직장을 얻어 어느 정도의 지위와 권한을 가지게 되면 반드시 유혹을 받게 될 것입니다."

"당신이 가진 권한과 지위를 가지고 이렇게 저렇게 하면 가난하고 힘없는 이들을 억누르고 나와 같이 어떤 이득을 얻을 수 있습니다. 나에게 협조해라."

"그런 유혹과 협박을 받을 때, 자신을 지키고, 공의와 정의를 지키는 일이 훨씬 힘든 일입니다. 여러분 후배들이 성공하고 출세도 해야겠지만, 오늘 이곳을 들려 참배했던 일을 기억하면서 자신의 소신과 공적 의식을 지켜서 역사에 부끄럽지 않은 사람이 되길 기원합니다."

아이들에게 공적 의식과 리더십이 형성되지 않으면, 사실 남다른 노력과 큰 그릇이 되기 위한 훈련을 요구할 수가 없게 됩니다. 머리 좋고 판단이 빠른 것은 공부한다고 생기는 것이 아닙니다. 실제로 이미 태어날 때부터 정해집니다. 늦어도 4~5세 정도가 되면 지적인 잠재력은 이미 결정됩니다. 학교에서 공부를 하고 학교와 선생님으로부터 좋은 평가를 받기 위해서는 그런 지적 능력을 갈고 닦아야 합니다. 그런 평가가 중요한 이유는 리더십을 발휘할 수 있는 기회가 생기기 때문입니다. 학교, 교사 그리고 동년배 학생들로부터 누구에게나 인정받을 수 있는 평가를 받아야만 집단을 대표하는 역할의 경험이 생깁니다.

멘사 회원들 중에는 그런 것들이 부담스러워 일부러 학교 성적에서 두각을 나타내지 않으면서 학교생활을 마친 이들도 많습니다. 좋은 학교를 나오지는 않았지만 일정한 분야에서 능력을 보여 '조금 일하고 많이 버는 직업'을 얻어 아주 약삭빠르게 잘 사는 사람도 있습니다. 자기 인생과 자기의 잠재력을 그렇게 쓴다고 해서 비난할 수는 없을 것입니다. 하지만 능력이 있는 사람이 그렇게 편안하고 즐거운 삶을 찾아서 눈에 잘 띄지 않는 안전한 지대에 머물면서 산다는 것은 아까운 일입니다. 진정한 의미에서 큰 인재가 되기 위해서는 자기희생이 필요하다는 확고한 인식이 자리 잡아야 합니다. 부모에게 전혀 그런 공적 의식이 없는 상태에서 과연 자녀에게 너는 그런 인재가 되어야 한다는 가르침이 통할 수 있을 것인가?

공적 의식과 리더십을 가진 사람들만이 그 국가와 사회로부터 인정받는 큰 인물들과 교유하고 그들로부터 존중을 받게 됩니다. 아무리 성공한 사업가로 큰 부를 쌓아 올리더라도 공적 의식과 리더십을 가지지 못하면 한계에 부딪히게 됩니다. 돈의 힘으로 일시적으로 높은 자리에 머무른다 하더라도 그런 자리를 유지하지도 못할 뿐더러 가지고 있는 자산을 잃어버리고 사람들로부터 멸시 받고 나락에 떨어지게 됩니다. 공적의식을 공유하는 사람들로부터 마음으로 우러나오는 동료의식을 나누고, 대의명분을 가진 일에서 리더십을 발휘하기 위해서는 그런 인식과 태도가 몸과 마음에 배어 있어야 합니다. 그런 사람만이 오랜 기간 자신을 통제하면서 어려운 일을 감내하고 극복하고 남들이 해내지 못한 일을 이루는 역사의 주인공이 될 수 있습니다.

애정, 체험, 공적 의식은 동기 유발을 위해 꼭 필요한 요소입니다. 부모가 자녀에 대해 애정을 가지는 것은 당연한 것입니다. 하지만 애정을 적극적으로 그리고 적절하게 표현하려면 여러가지 공부가 필요합니다. 체험의 기회를 늘리고, 깊은 영향을 주기 위해서는 부모들의 몇 가지 결단이 필요로 합니다. 학교와 교사들의 평가에 대해 초연할 수 있어야 합니다. 평가는 결국은 누군가가 누구인가를 통제하기 위한 것입니다. 자녀의 성공에 대해 다른 무엇과도 비교하지 않고 모든 것을 쏟아 부을 수 있는 것은 아이의 부모밖에 없습니다. 학교와 교사들의 평가가 객관적이고 비중이 있다 하더라도 학교와 교사는 그런 평가를 통해 아이들과 학부모를 통제하고 싶어 한다는 것을 냉정하게 꿰뚫어 보아야 합니다. 평가에 얽매어서 아이들에게 필요한 체험의 기회, 몰입의 기회를 필요한 때에 제공하지 못하면 결국 내 자녀는 평범한 수준에 붙들려 버릴 수밖에 없습니다. 공적 의식을 심어 주는 것은 몇 가지 공부나 선택의 문제는 아닙니다. 부모 스스로 그런 의식을 공유할 수 있어야 합니다. 하지만 이 세 가지가 아이의 성취 동기의 높이를 결정한다는 것은 분명합니다. 자녀와의 친애 관계를 잘 유지하기 위해서 애정 표현에 대해 몇 가지 배워야 할 것들이 있습니다. 그중에서도 많은 가족들이 애정 표현에 있어서 실패하는 원인은 자녀들 사이에 벌어지는 치열한 신경전입니다.

Chapter
12

아이와의 특별한 시간은 어떻게 갖나요?

　일주일에 한 번, 혹은 두 번 정도는 부모 중 한 사람이 자녀 한 명과 '특별한 시간'을 가져야 합니다. 한 시간이면 충분하고, 30분 정도라도 됩니다. 이 시간에는 다른 자녀들이 끼어들지 못하도록 시간과 장소를 분리해야 합니다. 대신 그 기회는 공평하게 줘야 합니다. 아주 쉽게 생각해도 됩니다. 한 자녀와 손 붙잡고 동네 슈퍼마켓으로 걸어가서 아이스크림을 사 들고, 근처 공원 벤치에 앉아 하나씩 까먹고 돌아오는 것만으로 충분합니다. 이 특별한 시간 동안에는 아이와 눈을 맞추어 주고, 무슨 소리도 들어 주고, 지적을 하지 않도록 합니다. 듣다가 보면 아이가 슬쩍 과장을 하고 약간의 거짓말을 섞는다고 하더라도 굳이 그걸 따지지 않습니다. 처음에는 어색할 수도 있고, 무슨 의미가 있나 의심이 들 수도 있지만, 대개의 경우 아이가 그 시간을 아주 좋아한다는 걸 느낄 수 있게 됩니다. 앞에서도 설명했듯이 열 살 이하의 어린 아이에게 있어 부모의 관심과 애정, 그리고 같이 있는 시간은 대단히 중요합니다. 그리고 자신의 형제자매 동기들 중에서 자신이 얼마나 사랑 받고 있는지, 소중한 존재인지를 끊임없이 확인 받고 싶어 하는 것이 자연스러운 것입니다. 특별한 시간 한 시간 동안은 무조건 아이의 이야기에 귀 기울여줘야 합니다. 진지하게 아이의 이야기를 듣고 눈동자를 주시해 주기만 하면 아이는 무언가를 이야기합니다. 아이들은 부모에게 어필하고 싶은 것을 가지고 있기 마련입니다. 예를 든다면,

"엄마가 어느 날 언니에게 이렇게 저렇게 대해 줄 때, 나는 섭섭했어."

"아빠, 이러저러한 일이 있었을 때, 내가 얼마나 억울했는지 알아?"

같은 이야기들입니다. 사실 대답은 정해져 있습니다.

"그래! 그랬을 거야. 나도 알긴 알았는데, 미안하구나. 엄마 맘은 그런 것 아니야. 알지?"

대체로 그런 답을 해주고 다시 눈을 맞춰 주고 한 번 안아 주는 것 같은 가벼운 반응으로 아이의 마음은 상당한 위로를 받게 됩니다. 이런 습관을 반복하다 보면, 아이들은 각자 마음속으로 정말 우리 엄마 아빠가 제일 사랑하는 사람이 자신이라는 느낌을 가지게 됩니다. 논리적으로는 가장 사랑하는 사람은 하나밖에 없는 것이지만, 인간사가 논리적이지만은 않습니다. 아이들이 그런 느낌을 가지고 성장해야만 정서적으로 건강하게 됩니다. 사람들이 평생 가지는 자신감과 자존심이란 것은 결국 부모로부터 가장 사랑받았던 아이라는 자기 확신에서부터 시작되는 것입니다.

십 년간 수백 가족과 상담하면서 많은 조언과 양육법에 대한 도움말을 드렸지만, '특별한 시간'에 대한 반응이 가장 좋았고 가장 강력했습니다. 대체로 그 날이나 그 주에 그런 시간을 가졌더니 바로 효과를 보았다는 것입니다. 이렇게 비용도 들지 않는 간단한 방법이 있는데 어째서 그렇게 하지 못하는 가족들이 많았을까요?

식구들이 한 공간에 있을 때는 최대한 공정함을 유지해야 합니다. 큰 아이니까 참아야 한다거나 반대로 동생이니까 일단 큰 아이의 기를 살리고, 동생들은 형이나 언니의 권위를 인정하는 훈육 방법은 생각보다 부작용이 너무 큽니다. 그런 논리는 당장 질서를 잡고 소란을 잠재우기에는 간단해보이지만 아이들은 억울함을 해소하지 못합니다. 특히 지적인 특성이 강하고 시비곡직을 자신의 논리로 따지는 성향을 가진 아이들은 좀처럼 자신의 입장을 굽히지 않습니다. 언제나 모든 것이 재판처럼 될 수는 없지만, 가능한 한 양쪽 이야기를 다 들어줘야 하고, 두 아이들의 이야기에서 실제로 어떤 일이 일어났는지 머릿속으로 다시 구성해봐야 합니다. 그러다 보면 실제로 어떤 상황이었는지 조금씩은 분명해집니다. 대개의 경우 어린 동생들이 상황 판단이 좀 더 틀리고, 더 서투른 경우가 많지만, 아이들끼리의 갈등에서는 결국 두 아이 모두 실수한 부분이 있기 마련입니다. 충분히 자기주장을 했으면 또다시 적절한 수준에서 판결을 내주고 처리도 해줘야 합니다.

Chapter
13

아이들이 꾸준히 애정을 확인하는 이유

　나에게 자녀가 두 명 있다면 아주 간단한 실험을 해볼 수 있습니다. 10원 짜리 동전을 형에게는 두 개 주고, 동생에게는 한 개를 주어 봅니다. 아이들의 반응이 어떻게 나올 것인가? 현실적으로 10원이나 20원으로 할 수 있는 것은 아무 것도 없습니다. 전혀 의미가 없다고도 할 수 있습니다. 하지만 아이들은 분명히 뚜렷하게 반응합니다. 동생은 왜 나에게 10원밖에 주지 않느냐고 따질 것입니다. 형이 '이 까짓 것 필요 없어. 너 다 가져라'라고 할지도 모릅니다. 하지만 그렇게 했다고 문제가 해결되지 않습니다. 경제적으로 아무런 가치가 없는 것이라 하더라도, 숫자가 붙으면 쉽게 비교가 되며, 그것은 부모가 각 자녀에게 주는 애정의 차이로 상징화됩니다. 30원이 모두 동생의 몫이 되더라도 그것 역시 아무런 경제적인 가치는 없습니다. 30원이 모두 동생의 것이 되었다고 해서 섭섭한 동생의 마음은 보상이 되지 않습니다. 20원을 포기해 버린 형의 의기양양함도 돈이 없어졌다고 해서 사라지지 않습니다. 동생의 섭섭함과 형의 자신 있는 태도는 부모가 아이에게 서로 다른 금액의 동전을 주었다는 것 때문입니다. 현재 누가 더 돈을 많이 가졌느냐의 문제는 아닙니다.

문제를 좀 더 크게 키워 볼 수 있습니다. 아무런 설명 없이 이번에는 동생에게 다시 100원을 더 줍니다. 아이들의 반응이 대번에 반전이 되어 버립니다. 이번에는 형이 왜 그렇게 하는지 따지고 들 것입니다. 다시 큰 아이에게도 100원을 준다고 하더라도 형의 마음은 금방 처음의 의기양양함으로 돌아가진 않을 것입니다. 이 정도가 되면 옆에 있던 당신의 배우자가 지금 아이들을 상대로 무슨 장난을 하냐고 정색을 하고 화를 낼 수도 있습니다.

지금과 같은 상황을 어떻게 처리할 수 있겠는가? 10원 짜리, 100원 짜리 동전으로 시작된 이 분란은 실제로 함부로 저질러서는 안되는 장난입니다. 아이들 사이의 경쟁심, 시기심, 부모의 애정에 대한 의구심은 '판도라의 상자'가 되어 제대로 수습하지 못하면 정말 큰 일이 될 수 있습니다. 만약 정말 이런 실험을 해 보고 싶다면 정말 많은 준비를 해야만 합니다. 식구들 사이에 실제로 어떤 문제가 있다면 이 일은 그냥 한 번 지나가는 일로 끝나지 않고 두고 두고 평생의 상처가 될 수 있습니다. 절대로 이런 실험을 해서는 안됩니다. 형에게 20원을 주었을 때, 동생은 상처를 입었고, 다시 동생에게 100원을 주었을 때, 형이 상처를 입었습니다. 그리고 그 상처는 잘 아물지 않습니다.

일부러 이런 일을 일으키지 않는다 하더라도, 외동이 아닌 둘 이상의 자녀를 키우는 가정에서는 비슷한 일은 언제든지 일어날 수 있습니다. 아이들은 눈을 반짝이면서 자신의 부모가 형제 자매 중 누구에게 어떤 혜택을 어떻게 나누어 주는지 항상 주시하고 있다고 생각해야 합니다. 아이들이 이런 문제에 대해 예민하게 반응하는 것은 당연한 일입니다. 부모들이 아이들에게 애정 표현을 마음껏 해주지 못하는 원인이 될 수 있습니다. 부모들이 애정 표현을 마음껏 해줄 수 없는 상황은 가장 강력한 동기 유발의 무기를 사용할 수 없다는 뜻이 됩니다.

어린 아이들, 특히 열 살 이하의 아이들에게 부모의 애정은 절대적인 것입니다. 이 연령 이하의 아이들에게 부모의 애정은 치열한 경쟁의 대상입니다. 열 살 이후가 되어도 아이들은 여전히 부모의 애정에 대해 갈증을 느낄 수 있습니다. 하지만 어릴수록 훨씬 절실하다는 것을 쉽게 알 수 있습니다. 아이들은 조금 더 많은 관심과 애정 또는 애정의 표현을 부모로부터 받아내기 위해 수단과 방법을 가리지 않습니다. 아이들이 동원할 수 있는 모든 것을 동원합니다. 아이들은 고자질도 하고, 엄살도 부리고, 많은 노력을 쏟아 부어 자기가 더 사랑 받는 존재라는 것을 확인 받으려 합니다. 실제로 어린 아이들이 그런 부모의 관심과 애정을 갈구하고 있는 만큼 첫 번째 동기 부여의 열쇠는 부모가 들고 있다는 것을 인정할 수 있을 것입니다.

아이들은 부모의 칭찬과 인정을 갈구합니다. 무언가를 잘 해내고 그걸 통해 부모가 자랑스러움을 표현하고, 아이의 존재를 강력하게 인정해주는 모습을 보여주는 것이 동기 유발의 첫 발이 됩니다. 부모의 애정 표현은 아이들을 우리가 막연히 생각하는 것보다 훨씬 높고 먼 곳까지 끌어갈 수 있게 해줍니다.

부모가 한 아이에게 동기 유발을 위해 마음과 영혼을 실어 애정 표현을 강력하게 했다고 합시다. 다른 아이들이 이것을 심상하게 받아들이고, 자신도 그런 애정 표현을 받기 위해 좀 더 열심히 공부하고 노력하고 생활 태도를 바로 잡는다면 더할 나위 없을 것입니다. 그러나 실제로 가정 안에서는 그렇게 순조롭게 진행되지 않습니다. 실제로는 '동전 게임'과 같이 수습되기 어려운 상황으로 진행되는 일이 더 많습니다. 두드러진 애정 표현은 반드시 형제자매간의 애정 경쟁을 촉발하고, 부모에 대해 누굴 더 사랑하느냐는 '고백 성사' 요구로 이어집니다. 어른들은 아이들에게 '엄마가 더 좋아? 아빠가 더 좋아?'라는 놀이를 즐기면서, 막상 자신들이 똑같은 상황에 몰리면 어른들 역시 어찌할 바를 몰라 합니다.

Chapter 14

아이의 마음을
읽는 시간이 필요하다

　어떤 형태로든 동전 게임을 실제로 해서는 안됩니다. '동전 게임'으로 생긴 분란은 일단 일이 벌어진 다음에는 현실적으로 수습이 상당히 어렵습니다. 우선 자신의 자녀를 데리고 이런 게임 자체를 해서는 안됩니다. 왜 그런지 설명을 할 것입니다. 만약 꼭 해야 될 필요를 느낀다면 게임을 시작하기 전에 사전 준비가 되어 있어야 합니다.

　"엄마 아빠가 너희들에게 교훈을 주기 위해서 일부러 그랬어."

　"너희들을 똑 같이 사랑하고 있단다. 그걸 알려주려고 그랬단다"라고 말했다고 상상해봅시다. 그리고 아이들 입장에서 어떻게 받아들일지 짐작해 보아야 합니다. 이런 식의 대화는 아이들에게 진정성 있게 받아들여지지 않습니다. 모두 다 새빨간 거짓말처럼 들릴 것입니다. 동전은 아이들에게 아무런 가치 없는 소도구에 불과합니다. 그걸 통해 엄마 아빠가 자신들의 반응을 엿보려 했다는 것 자체가 대단히 불쾌한 경험입니다. 그리고 만약 상대방이 아이가 아니고 어른이라면 대단한 실례를 저지른 것입니다. 아무 것도 아닌 동전 게임이 아이들의 마음에 상처를 입히는 것은 그만큼 아이들은 부모의 애정에 대해 절대적인 욕구가 있기 때문입니다. 나에게 애정을 갈망하는 사람의 감정을 가지고 장난을 쳐선 안됩니다. 상대방은 굴욕과 수치를 느끼게 됩니다. 이 게임이 있고 없고를 떠나서 아이들은 부모가 자신을 사랑하고 있다는 확신 속에 있어야 합니다. 그래야만 아이는 건강하고 영특하게 자라게 됩니다. 문제는 '이 세상에서 나를 제일 사랑하느냐'고 느낄 수 있게 할 수 있느냐 하는 것입니다. 많은 엄마들이 아이들에게 애정의 확신을 주기 위해 남편에게조차 애정표현을 삼가거나 대접을 소홀히 하고 있습니다. 즉 이런 문제는 외동 자녀라고 해서 자유롭지 못한 것입니다.

아주 사소하더라도 아이들 사이에서 아이들이 받고 있는 애정의 크기를 비교할 수 있는 '짓'을 해서는 안됩니다. 숫자가 문제가 됩니다. 숫자는 비교가 너무 쉽기 때문입니다. 세뱃돈이라든지 용돈 같은 것들은 불가피하게 숫자로 표현되니까 되도록 같은 금액을 줘야 합니다. 어떤 물건을 선물로 줄 때는 되도록 같은 것을 줄 필요가 있습니다. 하지만 한 아이가 입학과 졸업, 진학을 했다든가 생일이라든가 특별한 상을 받았다면 당연히 해당 아이에게 선물도 주고 칭찬도 해줘야 합니다. 이런 경우 다른 아이는 비슷한 상황에서 자기보다 다른 형제자매가 더 강력한 칭찬이나 애정 표현을 받았다고 주장할 수 있습니다. 어떻게 할까요?

흔히 일어나는 상황인데도 불구하고 당황하는 부모가 의외로 많습니다. 조금 칭얼대는 정도가 아니고 그 정도가 너무 강렬하기 때문입니다. 지적 특성이 강한 아이들은 무엇이든지 다소 지나치다는 것을 잊어서는 안됩니다. 한 아이가 상을 받았으니 칭찬하는 것은 너무도 당연한데 또 다른 아이가 마치 부당한 일이라도 저지른 것처럼 강력하게 항의하는 상황이 일어납니다. 아무리 내 자식이라도 이건 좀처럼 부모도 수용하기 쉽지 않은 상황입니다.

당혹감이나 심지어 분노가 일어날 수도 있지만, 그걸 억제하고 아이의 눈을 똑바로 바라보면서

"으응, 너도 칭찬 받고 싶구나"라고 대응해야 합니다.

실제로 이럴 경우, 단순히 아이의 마음을 읽어 주기만 하면, 항의하는 태도와 감정은 즉시 완화됩니다.

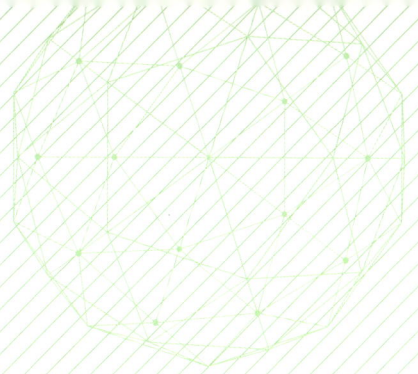

Part 03

사례 모음을 통한 영재 발굴

Chapter 01

부모와의 Q & A

Question : 과민한 반응을 보이는 아이

로버트(가명) 만 10세 (실제 사례자 : 한국 학생)

아이가 올 학기 초 반장을 맡으면서 선생님과 갈등이 심했어요. 선생님이 여자선생님인데도 굉장히 성격이 강하고 말이 거칠고 합리적이지 못한 부분이 많아서 아이가 스트레스성 복통을 겪기도 했고, 학교에 가지 않겠다고 울기도 많이 했어요. 그 당시 우울증도 심해졌습니다. 형제 없이 혼자 자란 아이라서 온 식구가 기대도 많이 하고 부담도 많이 주어서인지 그 기대에 부응하고 싶은 마음도 강한데 학교 성적은 의외로 잘 나오지 않습니다.

아이가 많이 우울하고 불안해해서 소아신경과에서 3주 전쯤 검사를 받았더니 지능이 높게 나왔습니다(138 상위 1% 내). 병원 방문의 목적이 지능 검사가 아니라 우울증 때문이었고 불안 증세가 심해서 치료를 받아야 했습니다. 약은 한 달 정도만 먹어도 많이 효과를 볼 수 있을 거라고 해서 3주 정도 먹고 있는데, 우울함을 조금이라도 없애주려고 학원이나 아이에게 주던 부담도 줄이고 가능하면 친구들과 많이 놀게 하려고 합니다. 다행이 굉장히 많이 좋아졌습니다. 질문의 요지는 병원치료를 계속 받고 약을 먹는 것이 바람직한 것인가입니다. 사실 처음 병원에 다니는 거라 걱정도 많이 되고 아이에게 약을 먹인다는 게 아직 좀 감당이 안되네요. 요즘은 그리 심각해 보이지도 않고 나이가 들면 차차 괜찮을 것 같기도 하고...

어릴 때부터(7세) 왜 사람은 죽고, 그 다음에는 어찌 되는가 등 죽음에 대해 유독 생각을 많이 하고 고민도 많이 하고 그렇습니다. 질문을 받을 때는 많이 당황을 했었죠. 이 사이트에서 자료나 다른 글들을 읽고 많은 도움을 받았어요. 가능하면 지역 모임에도 참여하고 싶고요. 우리 아이는 인문사회 분야에 관심이 많은데 지금은 딱히 무슨 책을 읽어야 하는지, 어떤 관심사가 좋을지 막막한 상태입니다. 조언 부탁드려요.

Advice :

　로버트의 모습은 전형적인 고도 영재에게서 나타나는 행태입니다. 매우 민감한 감각 특성을 가지고 있어서 감수성이 지나치게 발달되어 있습니다. 초등학교 교사가 학교에서 가지는 절대적인 위상이 로버트에게 큰 스트레스가 되고 있습니다. 합리적이지 않은 결정에 대해 견디지 못하고 심지어 복통을 느낍니다. 로버트에게 약을 복용하게 하는 것은 단기적으로는 큰 문제가 없지만, 장기간 투약은 큰 효과도 없고 다른 부작용을 일으킬 수 있습니다. 실제로 로버트는 3주 이후에는 약을 복용하지 않았습니다. 학년이 바뀌고 성장하면서 여러 문제는 자연히 치유되었습니다. 결국, 원인은 불합리한 태도를 가지고 교실을 운영하던 담임 교사였던 셈입니다.

　로버트에게는 전형적인 '존재론적 고민'이 나타나고 있습니다. 보통은 중학교 말이나 고등학교 시절에 나타나는 철학적인 고민들이지만, 초등학교 4학년 때도 나타나는 것이 드물지 않습니다. 이것 역시 전형적인 고도 영재가 흔히 겪는 일입니다. 이런 고민에 대해서는 아이가 부모에게 자신의 느낌을 솔직하게 전달할 수 있다는 것 자체가 중요합니다. 따라서 부모가 당황하지 않고 의연하게 대처할 필요가 있습니다.

이런 존재론적 고민을 혼자만 하는 것이 아니고, 누군가 비슷한 고민을 하고 있으며, 그것이 시간이 지나면서 자신을 더 이상 괴롭히지 않는다는 확신을 주게 되면 극복이 됩니다.

로버트는 중학교 이후 아주 활달하게 학교생활을 잘하고 있습니다. 신체 발육도 좋아서 또래 보다 훨씬 큽니다. 2016학년도에 명문대학에 입학했습니다.

Q : 존재론적 고민(Existential Depression)

제임스(가명) 만 10세

죽으면 어떻게 되나요? 라고 묻기도 하고, 대답하기 어려운 질문을 느닷없이 합니다. 그리고 한 번 그런 질문을 하게 되면 지속적으로 하는데, 대답하기가 난감합니다.

A :

10세 이하의 어린이가 이런 질문을 한다면, 많은 부모들이 당황합니다. 그러나 이런 질문은 흔하지는 않지만, 영재들 중에서는 흔한 사례입니다. 부모들도 대개의 경우 답이 없습니다. 원래 답이 없는 질문입니다.

"네 생각에는 어떠니?"

절대로 어떤 답을 심으려고 하면 안됩니다. 그런 의도를 갖는 순간, 대화는 단절되고 서로 어렵게 됩니다. 같이 답을 찾아나가는 동반자가 되려는 자세를 유지해야 합니다. 핵심은 나만 그런 의문에 사로잡히는 것이 아니라는 것을 느끼게 하는 것에 있습니다. 부모도 그런 의문에 사로잡힐 때가 있고, 대부분의 사람들이 사는 동안, 본질적으로 똑같은 문제에 부딪칠 수 있다는 것을 알게 하면 문제의 반은 해결됩니다.

존재론적 고민은 철학과 종교의 시작점입니다. 모든 사람은 이런 고민을 갖고 있는 것입니다. 자아가 형성되고 문득 자기 생각을 하게 되는 순간, 이런 고민을 인지하게 됩니다. 7세 이전에도 이런 고민을 시작하는 경우가 많습니다. 놀라서도 안되고, 그런 고민을 두려워해서도 안되고, 고민을 멈추게 하려고 해도 안됩니다. 물론 정답은 '아무도 모른다' 입니다. 불가지론이라고 부르기도 합니다. 물론 종교를 가진 분들은 종교에서 확립한 사후 세계, 윤회나 환생에 대해서 이야기합니다만, 영재들은 그걸 믿지 못한다고 말합니다. 그런 믿음을 강요하면, 오히려 영재를 무신론으로 몰아갈 위험이 생깁니다. 오히려 신중한 불가지론을 수용하는 자세가 더 바람직합니다. 문학과 예술은 직접적으로 만나지 않은 다른 많은 사람들에게도 이미 죽은 사람의 정신적 유산을 확산하고 영향을 줍니다. 강렬한 영향을 남길 수 있는 문학이나 예술을 완성하는 노력은 유한한 생명을 가진 인간의 정신을 치열한 예술혼을 갈고 닦아 의미 있는 인생으로 승화시키는 것입니다.

몇 가지 모델은 있습니다. 육체는 흙으로 돌아가고, 영혼은 하나님께로 간다. 영혼의 문제는 설명하기 쉽지 않습니다. 많은 사람이 많은 이야기로 설명하지만, 모두 만족스럽지는 않습니다. 하지만 위대한 종교 지도자들과 철학자들의 이야기는 들어둘 만합니다. 존재론적 고민을 인지하면, 혹은 이런 고민을 시작하면 '철이 든다'고 이야기할 수 있습니다. 이 이전에는 즐거운 일, 노는 것, 게임을 통해 이기는 것이 아이들에게 절대적인 욕구인 반면, 존재론적 고민이 시작되면, 그저 노는 것만이 다는 아니라고 느끼게 됩니다. 이야기, 신화, 종교적 교리는 사후 세계에 대한 일정한 이미지를 제공합니다. 대체로 어린 아이들에게는 이런 이야기들이 나름 효과를 얻을 수 있습니다. 문제는 그것으로 해결되지 않는 일이 종종 발생한다는 것입니다. '그게 정말인가요?', '정말 그렇게 믿으세요?'라는 질문을 할 정도가 되면 이것으론 해결이 안되는 것입니다. 그걸 정말이라고 믿게 하려면 함정에 빠지는 것과 같습니다. 그 정도면 이런 이야기들이 가지는 무수한 허점과 모순에 대해 공격당할 수도 있습니다. 질문하는 아이가 보여주는 존재론적 고민의 수준을 잘 판별해야 합니다. 옛날이야기로 해결할 수 있는 수준인지, 교리 문답으로 대응할 수준인지, 신중한 불가지론으로 대응할지를 판단해야 합니다.

흔히 생각하는 것보다는 좀 더 높은 수준에 이미 도달했을 가능성이 높습니다.

Q : 야스퍼거인가?

윌리엄(가명) 만 6세

《영재교육백서》와 《영재와 정신건강》이란 책을 읽고 있는데, 거기서 '야스퍼거 장애'라는 말이 나오는데 저희 아이랑 비슷한 것 같아서 문의 드립니다. 저희 아이는 돌 이후에 승강기를 한 번 보더니 그후 4세까지 처음 가보는 건물 승강기는 다 타봐야 직성이 풀릴 정도로 승강기를 좋아했고, 집에서 조차 블록으로 승강기 문에 꽂혀서 매일 같이 승강기를 좋아했습니다. 그래서 친구나 다른 사람들이 오면 자신이 만든 승강기가 망가질까 노심초사하고, 혹 누가 건드려서 모양이 흐트러지면 괴성을 지르며 싫어했습니다.

15개월 전후로는 노래를 조금씩 부르기 시작하더니, 20개월 쯤에는 '내 동생 곱슬머리', '잘 자라 우리아가' 같은 긴 노래도 완벽하게 발음도 정확하게 불렀습니다. 그리고 30개월 전후로 알파벳 퍼즐로 알파벳도 다 습득하고 벽에 붙여놓은 8급 한자 50개도 다 외웠습니다. 그리고 5세가 되자 전철(스크린 도어)이 너무 좋다면서 할머니 집까지 가는 1시간 남짓 동안 문 앞에서 서서 각 역의 문들을 다 관찰했습니다. 그리고 1호선 노선도를 다 외울 정도입니다.

A :

흔히 야스퍼거 증상을 읽다 보면 성장기 아이들에게 나타나는 여러가지 요소들이 들어 있습니다. 그래서, 그런 의심을 하게 되고 걱정하는 부모님들이 많습니다. 하지만 실제로 병원에서 야스퍼거 증상으로 진단을 받고 치료를 받는 아이들의 실제 생활을 보게 되면 아주 큰 차이가 난다는 것을 느낄 수 있습니다. 물론 병원에 가서 전문의 진단을 받는 것이 확실하겠지만, 대개의 경우 책을 읽고 의심해보는 수준과는 큰 차이가 있습니다. 병원에 오는 아이들은 다릅니다. 부모들이 도저히 집에서 견딜 수 없는 상황을 겪고 큰 사고를 우려하는 수준입니다. 따라서 다소 심하더라도 그 정도가 극단적이 아니라면 야스퍼거 장애를 의심할 필요는 없습니다.

고도 영재들은 어떤 특성이든지 지나칩니다. 4세 전후에 한 시간 이상 한 가지 주제에 대해 집중하는 것은 특성이 매우 강하다는 것을 보여주는 사례입니다. 비정상적인 것이나 병적인 것으로 볼 필요는 없습니다. 이런 행동들이 다른 사람들에게 심각한 폐해를 주지 않도록 행동 조절을 할 필요는 있습니다. 지속적으로 불편을 야기하는 행동이 어떤 것인지 설명할 필요는 있습니다. 객관적이고 냉정하게 잘 설명해줘야 합니다. 질책이나 비난이 되지 않도록 해야 합니다. 영재들은 규격화되고 형식이 잡혀 있는 학습 프로그램 보다는 스스로 선택한 주제에 몰두하고 깊이 파고 드는 특성을 보여줍니다. 이상한 취향으로 보아서는 안 됩니다. 오히려 깊이 파고드는 것을 장려하고 충분한 시간을 투입할 수 있도록 도와주는 것이 필요합니다. 그렇게 얻은 지식을 종합하고 발표할 수 있는 기회를 주면 더욱 좋습니다.

Q : 학교 교사와의 면담 준비

철희(가명) 만 6세

학교 교사와 상담 시간이 잡혀졌는데요. 어떻게 준비해야 할지 모르겠습니다.

A :

'SENG'에서 일반적으로 권하는 지침을 옮깁니다. 실제로 실행하려면 한국적인 문화도 감안해야 하고, 교사와 우리 자녀, 동급생 학부모들의 관계 등을 따져서 적절히 대응해야 하지만, 기본적인 상황은 같다고 봅니다. 먼저, 생각을 정리한 다음, 조심스럽게 접근해야 합니다.

💡Tip 관계에 따른 대응방식 – 15가지 원칙

첫째, 교사, 학교 행정 책임자, 교육청 관계자와의 약속이 정해지면 세심하게 준비해야 합니다. 분명하고 구체적인 목적을 가지고 만나야 합니다. 자신이 어떤 사람인지, 영재 그룹이 어떤 모임인지에 대해 잘 설명하고, 관련된 사항에 대해 잘 소개하는 자료를 준비해야 합니다.

둘째, 시간을 잘 지켜야 하며 오히려 상대가 다소 늦더라도 기꺼이 기다려 주겠다고 생각합니다.

셋째, 메시지, 쪽지를 남길 때도 간략하고 요점을 분명히 해야 하며, 만나서 이야기할 때도 마찬가지입니다.

넷째, 어떤 주장을 할 때는 정확하고 솔직하게 해야 하며, 주장을 뒷받침하는 자료나 문서를 준비합니다.

다섯째, 만남이 기분 좋아야 하며 정중해야 합니다.

여섯째, 모든 문제에는 양쪽 시각이 있다는 것을 인식해야 합니다. 내 주장이 있는 반면 상대방 입장도 있다는 것을 인정해야 하며, 먼저 상대 입장을 이해해야 하며, 이해하고 있다는 것을 먼저 표현해야 합니다.

일곱째, 영재들이 처한 특수한 상황을 앞세우기 보다는 공적인 입장을 긍정적으로 동의해줘야 합니다.

여덟째, 지속적인 의견 교환을 해 주십사 요청하고 응대해주기를 부탁합니다.

아홉째, 감사 편지를 잊지 말고 합니다. 쪽지, 전자 우편, 편지, 다음 방문할 때 인사 등 방법은 다양합니다.

열 번째, 처음 만남에서 뚜렷이 긍정적인 반응이 없다 하더라도 실망해선 안됩니다. 변화는 원래 느리게 진행되는 것이며 시간을 두고 천천히 만들어지는 것임을 잊어서는 안됩니다.

열한 번째, 문제를 복잡하게 만들면 안됩니다. 사람들은 중요한 여러 가지 문제를 동시에 처리하고 싶어 하는 경향이 있습니다. 따라서 당신이 원하는 것을 간략하고 짧게 정리해서 말할 때 상대는 보다 집중하게 됩니다.

열두 번째, 호전적이거나 위협적인 태도를 취하면 안됩니다. 상대방의 시각에 동의하기 어렵다 하더라도 반드시 상대방의 관점을 고려해야 합니다. 갈등이 일어나면 의사소통은 막히게 됩니다.

열세 번째, 약속 시간에 늦으면 안됩니다. 다른 사람의 시간을 가볍게 여기는 것은 무례한 일입니다.

열네 번째, 감사 편지를 쓸 때에는 주변의 직원 분들에 대한 감사의 뜻도 잊어서는 안됩니다. 직원들은 오히려 교장, 교감, 주임 교사들보다 이 문제에 대해 더 자세히 알고 있을 수도 있고, 이 사람들의 의견이 결정권자들의 결정에 당사자들보다 더 큰 영향을 끼칠 수 있습니다.

열다섯 번째, 포기해선 안됩니다. 지속성과 참을성이 마침내 결실을 보게 됩니다.

Q : 수면 패턴이 다른 아이

앨버트(가명) 만 6세

(전략)… 그리고 잠은 신생아 때 빼고는 백일 이후로 거의 안 자려고 해서 너무 힘들었습니다. 또 잠이 오는 오후가 되면 너무 신경질적이고 날카로워져서 별일 아닌 일에도 소리를 지르고 짜증을 많이 냈습니다. 그래도 저녁에 한 번 잠이 들면 나 몰라라 하며 아침까지 잡니다.

A :

영재들은 수면 패턴에서 평균적인 아이들과 확연히 차이를 보이는 경우가 많습니다. 한마디로 밤늦게까지 무언가를 하면서 잠들지 않으려고 하고, 아침에 잘 일어나지 못하는 경우가 가장 많습니다. 에너지 레벨의 차이로 설명하는 학자가 있습니다. 영재들은 에너지 레벨이 평균적인 경우보다 월등히 높아서 하루 24시간 보다는 36시간 사이클이 적정하다는 것입니다. 무엇이든 몰두하면 더 많이 더 깊게 해야만 만족도를 느끼고, 일정한 수준 이상의 도전 과제를 해결해야 한다고 느낍니다. 호기심도 많고 해보고 싶은 일도 많으며, 일정한 자극을 받으면 그에 상응하는 반응을 표현하고자 합니다. 따라서 하루 24시간 활동 시간 15시간 보다는 더 많은 시간이 필요합니다. 일단 잠이 들면 다시 회복하는 것에도 8~9시간 보다는 좀 더 필요한 경우가 많습니다. 대체로 수면시간보다는 활동시간이 더 길어지는 경향이 강합니다.

이에 비해 에너지 수준이 현저히 낮은 노인들은 오히려 18시간 사이클이 더 맞습니다. 초저녁이 되면 까무룩 맥을 못 추고 새벽에 잠이 깨면 좀처럼 잠을 이루지 못하고 뒤척이게 되고, 집안을 돌아다닙니다. 따라서 노인들이 되도록 무리하지 않으면서 하루의 호흡을 되도록 길게 끌면서 무엇이든 천천히 해야만 다른 사람들과 비슷한 주기를 탈 수 있는 것처럼, 원기 왕성한 젊은이들이나 영재들은 되도록 낮 시간에 에너지를 발산시킬 수 있는 활동을 하고, 지친 상태여야 다른 사람과 비슷한 주기로 조절이 됩니다.

사람에게 적절한 수면 시간은 각 개인마다 크게 다르며, 하루에 2시간 이하의 수면을 취하고도 전혀 일상생활이나 건강에 지장을 받지 않는 사람이 있는 반면, 9~10시간 이상 수면해야만 컨디션 조절이 가능한 사람이 있습니다. 일률적으로 수면 시간을 억지로 조정하는 것보다는 아이의 특성에 따라 다른 가족들과 상충되는 부분이 적도록 융통성을 가지는 것이 더 바람직합니다. 되도록 낮 시간에 에너지 발산이 충분히 될 수 있도록 유도하는 것이 중요합니다. 운동을 좋아하지 않더라도 한 가지 체육 활동을 꾸준히 하도록 하는 것이 좋습니다. 완벽주의 경향이 강해서 남과 비교되는 상황에서 앞서지 못하면 대체로 시작을 꺼리는 경향이 강합니다. 처음에는 개인 연습을 하는 운동을 골라서 시키면 거부감이 적습니다. 지속적으로 운동을 하면 어느 시기에 이르면 아주 탁월한 역량을 만들어 나가는 경우를 흔히 볼 수 있습니다. 지치도록 훈련을 해서 스스로 만족하는 수준까지 만들기도 합니다. 지치도록 운동을 하면 수면 패턴이 안정되는데 큰 도움이 됩니다. 수면 시간이 안정되고, 평균과 비슷해지도록 하되, 억지로 해서는 안됩니다. 식구들이 잠든 시간에도 무언가를 하려고 한다면, 위험한 행동에 대해 설명하고 금지합니다. 일정한 활동을 하도록 유도하고, 다른 식구들의 수면을 방해하지 않도록 습관을 조정합니다. 부엌의 화기를 만지지 않게 하고, 독서나 글쓰기, 헤드폰으로 음악 듣는 것 같은 정적인 활동에 국한하도록 합니다. 되도록 평균적인 수면 시간이 되도록 조금씩 조정하되, 잘 안되는 경우에는 다른 식구나 이웃에 방해가 되지 않도록 하는 수준에서 타협해야 합니다.

Q : 과흥분성을 지닌 아이

아담 (가명) 만 5세

과흥분성을 지닌 아이를 부모가 어떻게 양육해야 할까요? 항상 에너지 수위가 좀 높다는 말을 많이 들을 만큼 좋을 때와 싫을 때, 좌절했을 때 흥분도가 높습니다. 혼도 내보고 타일러도 보고 보상도 해보고 여러가지 방법을 써봤지만 그것만은 정말 안 고쳐지네요. 이제 7살이 되는데 어쩔 수없이 신경안정제 같은 약을 먹여봐야 하는지 판단이 되지 않습니다. 산 너머 산입니다. 아니 발등의 불입니다. 집중력은 좋은데 일단 흥분하면 아예 집중을 안합니다. 또 본인이 시시하다고 여기는 것은 아예 참여를 안하는 것이 문제입니다. 내후년에 학교를 들어가는데 학교 생활이 정말 깜깜하네요. 혹시 이러한 과흥분성에 대해 경험이나 노하우 있으시면 좀 알려주세요. 약을 먹여야 한다면 부작용이나 효과는 좀 있을까요?

A :

과흥분성은 기본적으로 예민한 감각 기능과 관계있습니다. 따라서 되도록 큰 자극을 피하도록 해주는 것이 우선적인 조치입니다. 대체로 성장하면서 극복이 되기 때문에 또래의 다른 아이들에 비해서 과도해 보이는 보호조치를 굳건하게 해 나가야 합니다. 주변 사람들, 가족까지도 그런 조치를 잘 이해하지 못할 수도 있습니다. 이런 아이들은 외부 자극에 대해서 평균적인 아이들보다 훨씬 큰 감각 신호가 신경 내에서 전달되고 있습니다. 5배 혹은 10배 이상 강한 신호를 받고 있습니다. 따라서 기본적인 보호 조치가 꼭 필요한 일입니다. 그리고 점차 자극에 노출되는 빈도나 강도를 서서히 높여서 적응시켜야 합니다. 대부분의 영재들은 청각이 예민하게 발달되어 있습니다. 청각이 매우 발달되어 있는 경우, 약국에서 파는 작은 귀마개(이어 플러그 ear plug)를 준비해주면 도움이 됩니다. 평균적인 아이들이라면 소리가 잘 들리지 않을 정도인데도 오히려 그런 상태에서도 잘 들을 수 있고 오히려 편안하게 느끼기도 합니다.

감정에 대한 지지

감정은 본인 자신도 의지로 해결되는 부분이 아닙니다. 어른들이나 3자 입장에서는 흥분되는 일이 아니라도 본인이 흥분하고 감정을 느끼는 것은 스스로에게는 그럴 만한 이유가 있는 것입니다. 그것이 불합리하고 객관적으로 타당해 보이지 않다고 하더라도 어떤 감정 자체가 잘못됐다거나 악하다고 할 수는 없는 것입니다. 생리적인 욕구나 자연적인 욕망 자체는 악한 것도 아니고 선한 것도 아닙니다. 따라서 아이들이 어떤 감정을 느끼고 흥분하는 것 자체를 비난하거나 통제하려고 하면 안됩니다. 그런 노력은 실패할 수밖에 없습니다. 아이가 흥분 상태라면 일단은 아이가 그로 인해 과도한 행동이나 파괴적인 행동을 하지 않도록 하는 것이 우선입니다. 그리고 감정 그 자체는 수용해 줘야 합니다. 화를 내거나 그런 감정은 나쁜 것이라고 책망하면 안됩니다. 오히려 네가 그렇게 느끼는 것은 당연하고 그럴 만 하다고 인정해야 합니다.

'화가 났구나', '속상하겠구나'라는 말과 태도를 확실히 보여줘야 합니다. 대개의 경우 감정을 수용하고 지지해 주기만 해도 감정 폭발은 상당 부분 가라앉습니다. 아이가 흥분하고 분노하는 원인의 상당 부분이 자신의 감정이 받아들여지지 않거나 억울하게 비난 받는다고 느끼는 것에 의해서 촉발됩니다. 감정에 대한 비난은 분노 자체를 증폭시킵니다. 그리고 한계가 넘으면 폭발합니다. 대체로 이런 특성을 잘 이해하지 못하는 외부의 어른들에게서 자극을 받더라도 부모가 이를 확실히 수용하고 지지하면 감정을 잘 통제하게 됩니다. 반면 부모가 아이의 감정을 통제하려고 하면 훨씬 큰 반발에 직면하게 됩니다. 단지 화가 나더라도 파괴적인 말이나 행동은 허용할 수 없다는 것은 분명히 해야 합니다. 아이가 집중력을 보이는 것 위주로 생활하게 하는 것이 좋습니다. 불필요한 고집 싸움에 말려 들지 않도록 미리 가르치고 잘 설득하되, 고집을 부리면 남에게 폐를 끼치는 것이 아니라면 허용하는 것이 맞습니다. 남에게 폐를 끼치는 것에 대해서는 단호해야 합니다. 그것은 부모를 포함해서도 마찬가지입니다.

약 복용에 대하여

약 복용 문제는 대단히 민감한 사안이어서 함부로 이야기하기 어렵습니다. 우선 부모들이 약 복용에 대해서 느끼는 어려움에 대해서 먼저 설명 드립니다. 많은 경우, 약 복용 자체는 부모들의 예상보다 부작용이 크지 않다고 알려져 있습니다. 제약회사에서도 과민한 아이들과 집중력에서 어려움을 겪는 아이들에 대한 약에 대해서는 상당한 임상실험을 거쳐서 출시하는 만큼 안전성에는 큰 문제가 없다고 합니다. 의사들의 처방도 그만큼 신중할 수밖에 없습니다. 그럼에도 불구하고 부모들의 약에 대한 거부감이나 두려움은 쉽게 가시지 않습니다. 일반의 인식이나 선입견에 크게 영향을 받는 부분도 있습니다. 상담에서도 이 부분은 솔직히 이야기하기 어려워하는 부분입니다. 실제로 병원에서 처방을 받더라도 처방대로 복용시키지 않는 사례도 적지 않습니다. 이런 경우에 약효를 기대하기도 어렵고 약 복용에 대해서 일관성이 없어서 아이와 부모 모두 혼란에 빠질 수 있습니다. 제임스 웹 박사와 동료들이 관련하여 전문적 지식을 정리하여 출간한《오진과 이중 진단(Misdiagnosis and Double Diagnoses)》이라는 책이 국내에서도 번역 출간되었습니다. 약 복용에 대해 혼란을 느끼는 부모들은 일독이 필요합니다.

책에는 상당히 풍부한 사례와 신중하지만 대단히 단호한 전문가 의견들이 포함되어 있습니다. 미국에서는 약 처방이 남용되는 경향이 있다는 지적도 포함되어 있습니다. 하지만 아직 국내에서는 약에 대한 저항감이 강해서 처방이 남용된다고 볼 근거는 없습니다. 하지만 집중력 결핍/과잉행동 장애(ADHD)에 대해서 의사도 아닌 사람들이 쉽게 선입견을 가지고 예단하는 사례나 그로 인해 상처를 받는 부모들의 경우는 적지 않습니다.

《오진과 이중진단(Misdiagnosis and Double Diagnoses)》 원서와 번역본

🔖Tip 《오진과 이중진단》 속 이야기

영재아의 정신건강과 관련해 다음의 원칙은 영재아에 대한 필수 상식입니다.

첫째, 믿을만한 전문의의 처방을 받은 경우, 두려워하지 않고 처방대로 복용시킵니다. 실제로 약 복용을 통해 집중력이 강화되고 생활이 크게 개선된 사례가 있습니다. 적어도 일정 기간은 약을 통해 큰 도움을 받을 수 있습니다.

둘째, 뚜렷한 효과를 볼 수 없을 경우에는 전문의와 매우 적극적으로 상의하여 다른 처방이나 다른 치료 요법으로 전환해야 합니다. 적극적으로 상담할 경우, 전문의들이 효과 없는 처방을 계속 강권하는 사례는 없습니다. 막연히 두려워하고 의심하는 것은 누구에게도 도움이 되지 않습니다.

셋째, 진단의 경우에는 영재 특성에 대한 지식과 경험을 가진 전문의를 적극적으로 찾을 필요가 있습니다. 예를 들어, 신경 기질적 장애가 실제로 있는 경우, 어떤 일에도 집중력을 발휘하지 못합니다.
따라서 편안한 환경 속에서 안정된 행동을 보이는 아동은 신경 기질적 장애가 있는 것이 아니고, 과도하게 지루함을 견디지 못하고 있는 상태로 보는 것이 바른 판단입니다.
이런 경우에는 당연히 약을 통해 효과를 기대하긴 어렵습니다. 도전적 과제, 몰입할 수 있는 과제를 제공하면 겉으로 들어난 여러가지 산만한 행동이 통제될 수 있습니다. 환경을 바꿔주거나 스스로 행동을 통제할 수 있을 때까지 배려해 주는 양육 방식으로 해결될 수 있습니다.

Q : 입학 준비와 홈스쿨링

해롤드(가명) 만 6세

내년이면 학교에 가야 합니다. 이미 어린이집과 유치원에서 여러가지 어려움을 겪었습니다. 아이가 여러 가지로 튀어서 아이들 사이에 주목을 받기도 하고, 보모나 교사들에게서 여러가지 지적을 받는 일이 많았습니다. 입학 전이지만 지금부터 벌써 걱정이 많이 됩니다. 이런 아이는 홈스쿨링을 해야 할까요?

A :

학교 출석을 미리 겁을 먹어서는 안됩니다. 예상하실 수 있는 바와 같이 홈스쿨링이라고 해서 결코 쉬운 일이 아닙니다. 우선 알아야 할 것은 초등학교와 중학교는 의무 교육이기 때문에 만약에 학교 출석을 시키지 않으면 그 자체로 범법이 됩니다. 물론 학교 출석을 안 시킨다고 해서 처벌을 받는 경우는 극히 드뭅니다. 문제는 제도적으로 홈스쿨링을 합법적으로 할 수 있는 제도나 절차는 없습니다. 다른 학교로의 재배정이나 전학이 아니면 학교를 자퇴하는 것 자체가 불가합니다. 홈스쿨링, 대안학교, 조기 유학 모두 동일합니다. 법적으로는 불법입니다. 실제 처벌하기 어려운 것은 법의 취지가 부모의 방치 혹은 자녀를 강제 노역을 시키는 것을 처벌하자는 것이기 때문입니다. 어떤 이유가 있어 다른 교육을 선택하거나 좀 더 나은 교육을 찾는 것을 처벌하자는 것은 아니기 때문입니다. 홈스쿨링을 결심하셨다면 보다 자세한 설명을 드리기로 하겠습니다.

일반적으로 학교가 힘들면 홈스쿨링에 대한 생각을 하는 분들이 늘어나고 있고, 실제로 소문은 무성하지만 홈스쿨링을 결정하고 실행하는 가족은 적습니다. 그만큼 제도권 밖에서 교육하는 것에 대한 일반 학부모의 부담감이 큽니다. 결과적으로 대안학교에 보내기로 하는 경우가 훨씬 많은데, 어린이집, 유치원에서도 단체 교육을 힘들어 했다면 대안학교라고 해도 어려움이 없지 않습니다. 보다 자연 친화적인 전원 지역의 분교를 찾아가는 경우도 있는데, 기대와는 달리 또 다른 어려움이 있습니다. 우선 분교, 대안학교 등은 입시 경쟁을 지양하고 자연 친화적인 생활과 체험을 강조하는데, 아이가 지적인 욕구가 강하고 또래 집단과 어울리는데 애로가 많다면 그런 자연 친화적 프로그램이 나쁜 것은 아니지만 아이와 맞지 않을 수 있습니다. 오히려 지적인 활동을 흡족하게 할 수 있는 여건이 아이의 단체 교육 적응을 도울 수 있습니다.

결과적으로 미리 겁을 먹고 학교 보내기를 주저해선 안됩니다. 실제로는 부모의 걱정과는 달리 학교생활 적응을 아주 잘 하는 경우도 많습니다. 학교생활에 대한 거부감이 나타나기 시작하면 그 때에 가서 위기관리를 시작해도 됩니다. 물론 준비를 해야 될 것들이 있습니다. 어린이집이나 유치원과는 다른 차원의 단체 생활에 들어가는 것인 만큼 단체 활동에 대한 협력 자세에 대해 되도록 자세한 설명이 필요합니다. 아이가 학교에서 새로운 지식을 기대하고 있다면 그런 기대는 그다지 충족되지 않을 가능성이 훨씬 높습니다. 그런 것에 대한 설명도 필요합니다. 아이가 경험하게 될 새로운 상황, 갈등에 대해서도 미리 생각하고 각오하도록 해야 합니다. 물론 그런 이야기가 아이가 학교에 대해 나쁜 선입감을 가지도록 할 수도 있지만, 기대가 어그러짐으로 인해 실망을 하는 것보다는 예방 효과가 큽니다. 여러가지 염려 때문에 한 해 늦추어 학교 입학시키는 가정도 있는데, 결과는 그다지 좋지 않습니다. '매도 먼저 맞는 것이 좋다'는 격언처럼 오히려 되도록 한 해 먼저 입학시키는 것이 더 낫습니다. 또래 집단과의 지적 발달 차이가 줄어드는 효과가 있고, 어리기 때문에 당연한 것으로 너그럽게 받아 주는 부분도 적지 않습니다. 초등학교 입학을 앞둔 부모들 입장에서는 준비해야 될 것이 상당히 많습니다. 부모 교육 프로그램 중에 한 대목은 그런 내용으로 정리해 드리도록 하겠습니다. 홈스쿨링은 학교를 그만 둔 다음에 시작하는 것이 아닙니다. 학교를 다니면서도 홈스쿨링 프로그램은 병행해야만 합니다. 실제로 다양한 형태로 병행할 수 있습니다. 학교 입학 전에 준비시켜야 될 내용들을 정리해 둡니다.

학교 생활의 변화에 대한 설명

　유치원이나 어린이집과는 달리 초등학교부터는 공교육이라 할 수 있으며, 그 의미는 쉽게 부모가 자녀를 원하는 학교로 옮기거나 무언가 학교에 요구하기 어렵다는 뜻입니다. 당연히 아이는 단체 생활 질서와 규율에 따라야 할 부분이 늘어납니다. 교실 수업은 담임선생이 준비한 교과 과정에 따라 한 반 학생들은 단체로 그 흐름에 순응해 줘야 합니다. 어린이집이나 유치원에서 이미 단체 교육에 대해 부적응을 보였던 아이들은 좀 더 큰 스트레스를 받을 가능성이 높습니다. 반면에 한 해가 다르게 성장하는 아이들은 어쩌면 그런 변화와 요구에 대해 좀 더 잘 적응할 수도 있습니다. 따라서 미리 회피해서는 안됩니다. 초등학교 1학년 학부모들은 누구든지 처음 학교생활에 자녀들이 잘 적응할지에 대해 다소간 모두 민감한 상태이기 때문에 이런 스트레스는 누구나 겪는 것입니다. 부모의 이런 스트레스와 불안감이 아이들에게 고스란히 옮겨져서 불안을 더욱 높일 수도 있습니다. 따라서 학교생활에 대해 일반적인 설명을 감정적인 과장 없이 차분히 설명해 주는 시간이 필요합니다.

단체생활에서 질서 지키기

일단 학교는 수업 시간에 대한 보다 엄격한 통제를 요구합니다. 정해진 시간 외에는 교실이나 자기 자리를 마구 벗어나선 안 됩니다. 부득이 한 경우에는 선생님의 수업 진행에 대해 방해가 되지 않는 방법으로 손을 들어 표시한 후 양해를 구하도록 해야 합니다. 사실 그것이 어려운 것이 아님에도 잘 못하는 아이들이 적지 않습니다. 선생님을 지나치게 어렵고 무서워하는 아이가 있는 반면, 선생님이 전체 학급을 통제하고 있다는 것을 전혀 생각하지 않는 듯 행동하는 아이들도 많습니다. 그런 감각을 익혀주는 일이 필요한데, 사례를 들어 몇 가지를 설명하면 쉽게 잘 이해합니다.

교사들은 많은 학생들을 통제하기 위해 다소 강한 규율을 강조하게 되는데, 어떤 아이들은 그런 강조를 지나치게 문자 그대로 받아들여 비현실적인 규칙에 괴로워하는 경우도 있습니다. 교실 안에서 선생님이 처해 있는 여러가지 상황을 설명하고, 때로 과장된 것도 있을 수 있다는 것을 설명할 필요가 있습니다. 일단 선생님이나 다른 학생들에게 방해가 될 수 있는 행동이나 말을 어느 선까지는 절제하고 참아야 한다는 것을 설명하되, 어느 정도까지는 그럴 수도 있다는 것도 같이 설명해줘야 합니다. 교실 전반적인 분위기를 살피면서 그 정도를 조절할 수 있다는 정도는 설명해야 합니다. 어떤 아이는 화장실 가는 것을 억지로 참는 아이도 있고, 어떤 아이는 자기 마음대로 교실을 드나드는 아이도 있습니다. 두 가지 경우 모두 교사들로서는 손이 많이 가는 아이들이 될 수밖에 없고, 그런 아이들이 교실 안에 같이 있으면서 교사는 좀 더 규율을 강조하든지 더 많은 자율을 강조하게 됩니다.

여러 가지 상황에 대한 대응 원칙

교사가 엄격하면 아이들이 많은 스트레스를 받을 것으로 생각하지만, 교사가 엄격하지 않으면 학생들의 교실 내 행동이 거칠어져서 더 큰 스트레스를 만들어 낼 수도 있습니다. 결국 여러가지 상황이 교실 안에서는 벌어질 수밖에 없는데, 몇 가지 예를 들어서, 대처 요령에 대해 기본적인 시나리오를 설명할 필요가 있습니다. 아이들 사이에 벌어지는 여러가지 충돌에 대해서도 생각해야 합니다. 어느 정도는 참아야 하지만, 어느 선이 넘어가면 교사에게 도움을 요청해야 하고, 어떻게 요청할 것인지 기본적인 설명을 해주면 아이가 침착하게 대응할 수 있습니다. 아이가 이런 것을 한두 번 잘 대응하게 되면 아이들 사이에서 리더십을 인정받을 수도 있고, 교사로부터 잘 훈련된 아이라는 인정을 받을 수도 있습니다. 아이들 사이에 만만한 아이로 취급되어도 안되고, 반대로 너무 강한 아이로 비춰져도 안되며, 균형을 유지할 수 있는 강도를 찾아내야 하며 의외로 잘 할 수 있습니다. 학교에서 생길 수 있는 여러가지 상황 중 두 가지 예를 들어 설명해 보도록 하겠습니다.

첫째, 선생님이 교실 바깥으로 나가면서 아이들에게 조용히 하라고 말을 했지만, 막상 선생님이 나가자마자 아이들은 소란을 바로 피우기 시작했고, 선생님이 돌아오자 아이들은 시치미를 떼고 조용히 합니다. 이에 대해 선생님은 아무런 질책도 없었고 그동안 정숙을 유지한 자신에게는 아무런 칭찬도 해주지 않는 것에 아이가 분개합니다. 어떻게 해야 할까요?

선생님이 아이들에게 '조용히 하라'고 했지만, 선생님도 아이들이 자기가 자리를 비운 사이에 정말 아이들이 조용히 할 것이라고는 기대하지 않습니다. 하지만 그런 지시를 하므로 약간의 억제 효과가 있을 것이라고 기대합니다. 그런 것을 말 그대로 받아들이는 것은 어린 아이에게는 당연한 반응일 수도 있고, 대단히 불합리하다고 느낄 수도 있습니다. 종합적인 상황을 파악하기를 기대할 수는 없는 것입니다. 하지만 학교에 가기 전에 그런 상황을 미리 설명해주면 총명한 아이들은 금방 알아듣고 대처할 수 있습니다. 많은 부모들이 이런 다소 복잡한 상황을 미리 설명하는 것이 불필요하다고 생각하거나 아이가 이해하기에는 너무 어렵다고 생각합니다. 하지만 실제로 설명을 시도하면 의외로 아이들은 잘 이해합니다. 교실에서 선생님은 여러 아이들을 통제해야 하는 어려움을 가지고 있기 때문에 되도록 선생님의 입장을 이해하고 도와야 한다는 점을 이해시키면 큰 도움이 됩니다.

둘째, 어떤 아이가 장난이라고 자꾸 손찌검을 하거나 말로 자극하고 도발하는 경우가 있습니다. 감각이 예민한 아이들은 평균적인 아이들 보다는 이런 자극에 훨씬 강하게 반응할 수 있고, 그것이 장난을 거는 아이들에게는 좀 더 재미를 느끼게 할 수도 있습니다. 우선 이런 상황에서 아이 스스로 상황을 통제할 수 있다는 자신감을 가지게 해야 합니다. 우선 도발하는 아이에게 강한 눈빛으로 견제하고 '그만 두라'고 당당히 요구할 수 있어야 합니다. 겁을 먹거나 우선 참아 본다는 반응은 상황을 악화시킬 수 있다는 것을 알아야 합니다. 견제와 중지 요구가 받아들이지 않을 때에는 두 번째 단계로 선생님에게 개입을 요청할 것이라는 경고를 해야 합니다. 두 번째 단계가 없이 선생님에게 고하는 경우에는 '고자질쟁이'라는 비난을 받을 수 있습니다.

물론 부당한 비난이긴 하지만, '선생님에게 말할 거야.'라는 경고가 실제로 선생님을 찾아가야 하는 일을 피하고도 장난치는 아이의 행동을 통제할 수도 있고, 그 경고를 무시했을 경우, 경고 이후에 선생님에게 개입 요청하는 것은 고자질 이라고 비난하기 어려운 정황을 만들 수 있습니다. '선생님에게 같이 가자'

고 말하고, 그걸 거부하면 혼자서라도 선생님에게 가서 개입을 요청할 수 있게 됩니다. 이런 모습을 여러 아이가 같이 보는 상황이 전개되면 장난을 거는 아이의 부당함과 나의 정당함을 확보하게 됩니다. 선생님에게 말할 때도 그런 노력을 먼저 했다는 것을 설명하면 그 이후 과정도 훨씬 쉽게 정리됩니다.

무엇보다 중요한 것은 학교에서 어떤 일이 발생할 경우, 부모가 어떤 형태로든지 아이를 보호해 줄 것이라는 강한 믿음이 필요합니다. 실제로 학교 입학 초기, 학년 초에는 약간의 준비가 필요합니다. 즉 어떤 일이 발생하면 즉시 학교로 달려 갈 수 있어야 합니다. 담임선생님과는 어떤 식으로든 우호적인 관계를 만들 필요가 있고, 우호적인 관계란 촌지나 선물 공세로 만들어지지 않습니다. 그런 것보다는, 어떤 경우에도 선생님을 비난하거나 과도한 요구를 하지 않는 모습을 일관되게 유지하는 것이 핵심입니다. 교사들은 학부모들이 자기 자녀를 위해 언제든지 그럴 수 있다는 것을 알고 있습니다. 따라서 늘 그런 태도에 대해 경계하거나 조심합니다. 이를 역지사지로 이해하여 먼저 그렇지 않은 부모라는 것을 알리면 훨씬 상황은 유리해집니다.

Q : 바른 인성 교육

고든(가명) 만 9세

어린 아이라고 해서 착하기만 하지는 않습니다. 교묘히 거짓말을 하고 온갖 꾀를 동원하여 기어코 자기가 원하는 것을 차지하려고 합니다. 그리고 자신의 잘못을 은폐하는 것에도 능합니다. 이 아이가 자라나서 어떤 사람이 될지 벌써부터 걱정이 됩니다. 바른 인성을 심어주어야 할 텐데 어떻게 해야 할까요?

A :

'자녀는 겉 닮지, 속 닮지 않는다'라는 옛말이 있습니다. 한 없이 선량한 부모 밑에서 매우 이기적이고 탐욕적인 자녀가 자라기도 하고, 형편없는 부모에게서 선량하고 착한 아이들이 태어나기도 합니다. 물론 형편없는 성격을 가진 부모들 밑에서 자란 아이가 원만하고 탁월한 인격을 갖춘 인물이 될 가능성은 적습니다. 또한 고매한 인격을 갖춘 부모의 자녀가 불량배처럼 될 가능성이 낮습니다. 하지만 전반적인 인물에 대한 평가를 떠나서 이기적인 성향이나 타인에 대한 배려, 인내심, 용기, 밝은 성격, 진취적이고 강건한 분위기, 온화함, 두루 주변 사람들을 챙겨주는 여유와 마음씨 같은 것들은 부모의 것을 그대로 닮아가지는 않습니다.

왜 그럴까요? 인격이나 성격은 가족 구성원의 상호관계 속에서 형성됩니다. 가족 관계 속에서의 인간관계는 악하고 선함보다는 강하고 약함의 관계가 우선됩니다. 부모의 힘이 강하면 자녀들은 부모의 영향을 크게 받고, 성격 형성도 부모의 것에 영향을 받습니다. 하지만 부모의 힘이 자녀들 보다 상대적으로 약하면 오히려 자녀들은 부모의 성격과는 판이하고 오히려 반대 성향을 가질 수도 있습니다. 대체로 부모들이 가지는 자녀에 대한 힘은 자녀가 성장할수록 쇠퇴하고 자녀들의 부모에 대한 힘은 자랄수록 강해집니다. 부모가 자녀 양육에 대한 태도나 관점이 일치하면 강해지고, 서로 이견이 크면 약화됩니다. 부모의 힘이 지나치게 강하면, 자녀를 억누르고 수동적이고 통제 받는 성격을 만들고, 부모들의 힘이 지나치게 약하면 아이를 고집 세고 자기중심적인 성격으로 만들 수 있습니다. 남녀 관계가 절대적으로 불평등하고 남자의 권위가 압도적으로 인정되던 시대에는 아버지의 태도가 아이들의 성격을 결정했지만, 지금 상황은 결국 부모의 연합된 힘과 양육 태도가 아이의 성격을 만들어갑니다. 부모 사이에 이견이 많고 의사소통이 원활하지 못하면, 자녀들은 그 틈새를 재빨리 파악하고 그런 취약점을 이용해 자신의 의도를 관철하려는 꾀를 사용합니다. 따라서 자녀의 인성 교육을 저해하는 몇 가지 요소에 대해서 알고 예방책을 가져야 합니다.

첫 번째 저해 요인은 부모 사이의 의견 차이입니다. 부모가 완벽한 사람이 될 수 없는 이상, 두 사람 사이에는 일정한 수준의 이견은 항상 있습니다. 하지만 의견 차이가 인성 교육에 방해가 되지 않도록 몇 가지 방법을 사용해야 합니다. 대개의 부모들은 아이에게 바른 인성을 심어주어야 한다고 생각합니다. 자녀 양육에 있어 두 부모는 바른 인성을 확고하게 바로 잡아 줘야 한다는 원칙을 세우고 구체적으로 어떤 기준을 일관되게 유지할 것인지 의논해야 합니다. 부모 사이의 갈등이 높고, 자녀의 마음을 얻기 위해 시시때때로 선심성의 태도를 일관성 없게 보여 준다면 당연히 인성 교육은 실패합니다. 두 부모가 동의할 만한 몇 가지 보편타당한 원칙에 대해서는 합의하고 꾸준히 지키는 모습을 보여주어야 합니다. 대체로 가장 기본적인 기준은 '약속, 정직, 비폭력' 3원칙이 될 수 있습니다. 가정 내에서도 우선적으로 확립되어야 하는 원칙들이고 부모의 실천 없이 자녀들에게 뿌리 내리기가 쉽지 않습니다. 폭력에는 언어폭력도 포함되어야만 합니다. 욕이나 억울한 비난, 그리고 비아냥거림이나 상대방의 마음에 상처를 입히는 일절의 언어 공격 모두 우리 집안에서 금지되어야 하는 금기가 되어야 합니다. 부모들이 서로 다른 종교를 가지고 있거나 친가와 외가 사이에 다른 종교가 있을 경우에도, '약속, 정직, 비폭력'의 3원칙 정도는 합의되고 수용될 수 있습니다. 이런 원칙에 우선하여 자신이 가진 종교적 원칙이 더 중요하다는 것을 고집한다면 대단히 어려운 상황이 될 수도 있습니다. '정직'이라는 원칙에 대해서는 다소 신중한 접근이 필요합니다. 필요에 따라 과장하고 부분적인 사실 정보만을 알리는 교묘한 부정직이 있을 수 있고, 지나친 기계적인 정직을 고집하는 것으로 모든 사람을 거짓말 하는 사람으로 몰아가는 왜곡도 가능하기 때문입니다. 가족 사이에 솔직한 태도를 유지하는 것이 '정직'이라는 원칙에 가깝습니다. 자녀들의 거짓말은 대체로 부모의 질책을 회피하기 위해 시작되는 경우가 많습니다. 3원칙에 대해서 설명하겠습니다.

'약속, 정직, 비폭력' 3원칙을 부모가 합의하고 철칙처럼 지키며, 자녀들에게도 기회만 있으면 가르치고 실천하자는 의지를 보여주어야 합니다. 이런 원칙은 종교와 시대, 철학적 태도를 초월하여 누구나 공감할 수 있고, 지극히 일반적이고 타당한 것입니다. 그럼에도 불구하고 3원칙을 훼손하는 잘못된 태도를 가진 사람은 너무 많습니다. 종교적 신념, 정치적 신념, 자신의 고집, 아집 때문에 자신의 거짓말, 약속 불이행, 그리고 폭력을 정당화하고 그럴 수밖에 없었다는 것을 강변하는 일이 많습니다. 마치 정치가들의 횡포와 후안무치가 가정 내에서도 일어나는 듯 합니다. 누군가 가정 내의 강자에 의해 저질러지는 일이 있습니다. 자신의 원칙 훼손을 정당화하기 위해 누군가 상대방이 도저히 참을 수 없는 악행을 저지른 것처럼 말하기도 합니다.

따라서 3원칙을 포함해 자녀들이 바르게 성장하기 위해서 필요한 것들이 제대로 자리를 잡으려면, 가정 내 힘의 균형이 무엇보다 중요한 요소입니다. 누군가 너무 강하고 다른 가족이 이런 힘을 도저히 제어할 수 없는 상태라면 3원칙도 지켜지지 않고, 다른 어떤 원칙이나 일관된 인성 교육도 제대로 진행될 수가 없습니다. 국가나 사회가 불안정하고 폭력이 횡행하는 시대에는 모든 가정들이 건강하지 못하고 인격이 뒤틀리고 아이들은 온갖 핍박에 시달립니다. 시대와 사회가 병들어 있어도 가족이 건강하려면 3원칙을 지키려는 강한 의지와 노력이 따라야 합니다. 부모들은 반드시 자녀가 자라면 점점 힘이 자란다는 것을 알아야 합니다. 또 자녀들은 힘이 자라야만 합니다. 자녀의 힘이 자라나서 자신의 통제력이 약화되는 것을 못마땅하게 여겨 자녀들을 억누르는 부모도 많습니다. 당연히 이런 아이들은 크게 자라기 어렵습니다. 힘을 가지고 있으나 그 힘을 남용하지 않고 정당하게 자제력을 가지고 행사하는 어른들이 되어야 합니다.

아이가 정직하지 못하고 거짓말을 잘하고, 점점 더 잘 한다면, 무엇인가 이유가 있을 것입니다. 거짓말을 통해 위기를 모면하고 부당한 것을 차지했음에도 불구하고 수월하게 넘어가 버린 사례들이 많았기 때문일 것입니다. 자녀들의 거짓말은 80~90% 부모의 질책과 체벌을 회피하기 위해서 시작된다는 학자의 주장이 있습니다. 부모의 질책이 일방적이고, 아이에게 굴욕감을 주고 부모의 권력을 확인시키는 수단으로 남용되지 않았는지 반성해 볼 필요가 있습니다. 대개의 경우 자녀들은 부모보다 두뇌 회전이 빠르고 기억력이 뛰어나고 상황에 대한 대처 속도가 빨라지고 있습니다. 그런 정도가 심하다면 좀 더 빠른 시기에 멘토가 필요합니다. 아이의 명민함을 압도할 수 있지만 인격적으로 신뢰할 만한 멘토가 필요할 수 있습니다.

어린 아이라고 해서 착하기만 한 것은 아닙니다. 어린 아이라 하더라도 자기가 원하는 것이 있고, 그런 욕망은 그 자체로는 악한 것도 아니고, 선한 것도 아닙니다. 지극히 자연스러운 것이며, 생명을 가진 것들이란 모든 그런 욕망이 있고 본능이 있기 때문에 생존하는 것입니다. 어린 아이가 귀엽고 순진한 것은 그들의 욕망이란 것이 아직은 크기가 않고 부모의 통제력 속에서 한계가 있기 때문일 뿐입니다. 아이의 욕망과 욕망을 충족하는 힘은 당연히 자라납니다. 그런 욕망이 지나치게 이기적이고 파괴적이지 않게 하려면, 자신의 욕망이 타인의 이해관계와 충돌할 때 어디까지 허용되고 용납될 수 있는지에 대한 균형과 한계를 인식하게 하는 일입니다. 지적 특성이 큰 아이들은 그 힘이 빨리 자라며, 욕망의 크기도 잘 조절되지 않기 때문에 부모를 혼란스럽게 하고 걱정을 하게 만듭니다. 아주 어릴 때 보이는 영재들의 어려움은 이런 근본적인 문제에 비한다면 사실 시간이 해결해 줄 수 있는 것에 불과할 수 있습니다. 아이가 성장하게 되면 그에 따라 부모의 교육 철학도 한 차원 업그레이드해야 합니다.

원칙 1 약속

　약속을 하고 약속을 지키는 것은 모두 공동체와 인간 사이의 기본적인 신뢰를 쌓아 나가는 일입니다. 특히 어린 아이들은 부모가 한 약속을 절대적인 것으로 믿고 의지하는 경향이 있습니다. 사회적으로도 약속을 어기는 것은 그 사람의 됨됨이에 대한 첫 번째 기준이 됩니다. 모든 종교와 모든 윤리 도덕의 토대는 약속입니다.

　자녀들이 부모를 존경하지 않게 되는 것도 약속이 지켜지지 않는 것으로부터 시작됩니다. 약속을 지키지 않는 부모의 자녀들은 실제로 사회생활, 학교생활에서 큰 어려움을 당하게 됩니다. 부모가 약속을 어기는 것을 자주 보아온 자녀들은 약속이 가지는 중요성에 대해 굳건하지 않습니다. 약속이 어겨진 것에 대해 스스로 대수롭지 않다는 태도를 가진 사람은 어떤 사람으로부터도 믿음을 받기 어렵게 됩니다. 그리고 왜 사람들이 자신의 말을 믿지 못하고 가볍게 여기는지 이해하지 못합니다. 부모들은 많은 것을 자녀를 위해 희생하고 포기했음에도 불구하고 자녀들이 자기를 존경하지 않는다고 섭섭해 합니다. 하지만 약속을 지키지 못했기 때문에 신뢰가 부서졌다는 것을 잊기 쉽습니다. 약속이 모든 윤리 도덕의 기본이고 바탕이 된다는 것이 너무도 명백함에도 불구하고 왜 약속을 지키기가 어려울 까요?

지키기 어려운 약속을 하게 되는 상황들

우리는 미래를 예측하지 못하며, 너무도 많은 변화 속에 살고 있기 때문에 실제로 약속을 지키기 어려운 곤란한 상황에 빠지게 됩니다. 따라서 쉽게 약속을 해서는 안됩니다. 아주 확실히 지킬 수 있는 것 외에는 자녀가 아무리 약속을 해 주기를 요구해도 거절해야 합니다. 말로 하는 약속을 가볍게 여겨서는 안됩니다. 어른들과는 달리 아이들은 부모의 약속을 꼭 기억합니다. 그만큼 잡다한 일상사에서 아직 자유롭기 때문이기도 하고, 기억력이 신선하기 때문이기도 합니다. 따라서 약속을 어딘가에 적어 놓는 성의 있는 노력이 필요합니다. 때로 너무 먼 미래에 대한 약속은 피해야 합니다. 먼 미래에 대한 의미 있는 약속이라면 가끔씩은 그 약속을 다시 확인하고 반드시 지키겠다는 다짐도 필요합니다. 너무 희망적인 것들을 기분에 따라 약속해서도 안됩니다. 상황이 불리해 지더라도 약속이 분명한다면 손해를 감수해야 합니다. 약속을 못 지키게 되면 아무리 어린 아이라고 하더라도 분명히 사과하고 용서를 구해야 합니다.

원칙 2 정직

'가장 좋은 것은 솔직해지는 것입니다(Honesty is the best policy)'라는 말이 있습니다. 일부러 거짓말을 하려고 하는 것이 아닌데도 거짓말을 하게 되는 경우가 있습니다. 하지만 상대방의 마음을 아프지 않게 한다는 명분으로 말을 돌려 하거나 약간 미화하거나 살짝 과장하거나 가볍게 표현한다고 자신을 변명하면서 우리는 수없이 많은 거짓말을 하게 됩니다. 시간이 지나서 돌아보면 작은 거짓말이 관계를 망치고 신뢰를 깨뜨리는 일이 일어납니다. 결국 지나칠 정도로 솔직한 태도를 유지하는 것이 장기적으로는 이득이 됩니다. 가정에서도 마찬가지입니다. 부모들은 아이들을 양육하는 과정에서 너무 힘들어서 순간을 모면하기 위해 적당히 거짓말을 하게 됩니다. 약간의 거짓말이나 과장이나 윤색은 불가피하다고 스스로 위로합니다. 하지만 같은 공간에서 생활하는 자녀들은 부모의 거짓말을 자세히 들여다보고 있습니다. 때로 날카로운 시선으로 어른들이 하는 거짓을 꿰뚫어 보는 아이들이 있습니다. 정직해진다는 것은 결코 쉬운 것이 아닙니다. 정직하게 살려고 한다면 상당한 대가를 치러야 합니다. 도덕적 품격은 정직성에서 평가됩니다. 누구나 실수를 저지릅니다. 실수를 있는 그대로 인정하는 사람은 인간적 품격을 키워나갈 수 있습니다. 여기까지는 모두 다 아는 이야기이고, 설교가 됩니다.

특성이 강한 영재들은 때로 정직과 정확함을 구분하지 못하는 경우가 있습니다. 예를 들어 책상의 길이가 90㎝라고 말했더니, 89.56㎝인데 90㎝라고 말했다고 '거짓말을 한다'고 항의하는 수가 있습니다. 수리적인 특성이 강한 학생이 어림수와 '허용오차'라는 과제에 대해서 당혹감을 느끼는 것과 같은 상황입니다. 정직함과 정확함이 어떻게 다른지 기준을 잘 세워서 설명할 필요가 있습니다.

자녀에게 질문을 하도록 합니다.

첫째, 95㎝를 1m라고 말한 것은 거짓말일까?

둘째, 95㎝를 1m 정도 된다고 말하면 거짓말일까?

셋째, 첫 번째 이야기는 사실은 두 번째 이야기를 이야기했던 것은 아닐까?

넷째, 95㎝를 2m 정도라고 말하면 거짓말이 될까?

다섯째, 네 번째 이야기를 2살짜리 아이가 말했다면 거짓말이 될까?

거짓말이 되려면 틀린 말이어야 하고, 속이려는 의도가 있어야 하고, 그것을 통해 자신의 이익을 얻으려 할 때입니다. 하지만 착각하여 정확하지 못한 말만 해도 정직하지 못 하다고 오해를 받을 수 있습니다. 정직히 살고자 하는 마음도 중요하고, 정직한 사람으로 뭇사람들에게 평가 받는 것도 중요합니다. 하지만 그다지 정확하지 못한 대부분의 사람들을 정직하지 못한 사람이라고 여긴다면, 정서적으로 스스로 고립될 수 있는 위험성이 있습니다. 왜냐하면 영재들의 정확성은 평균적인 사람들의 정확성에 비해 기준이 비현실적으로 높을 수 있습니다. 아이가 성장하면서 사람들이 가지는 정확성의 한계가 제각기 다르다는 것을 인지하는 것은 대단히 중요합니다. '정직'이라는 보편적인 덕목 하나를 가르침에 있어서도 영재들은 조금 더 섬세한 차원이 필요합니다.

원칙 3 비폭력

지금 우리는 학교 폭력이 사회적 문제가 되는 시대에 살고 있습니다. 실제로 학교에서는 하루가 멀다 하고 많은 폭력적인 사건들이 일어나고 있습니다. 예전에는 교사들도 부모들도 훈육과 습관 바로 잡기라는 명분으로 아이들을 매질했습니다. 그래서 아이들은 적어도 어른 무서운 줄 알았고, 나이 많은 어른들에게는 일정한 선 이상으로 아예 다가서지 않거나 말과 행동을 조심하는 것이 사회적 규범이었습니다. 하지만 지금은 교사라도 아이들에게 손을 대서는 안된다는 인식이 사회적 공론으로 자리를 잡아가고 있습니다. 그리고 그것은 어떤 의미에서는 너무 당연한 일입니다. 하지만 학교에서 학생이 학생에게 저지르는 폭력이 도를 넘어가고 있습니다. 어린 학생들의 폭력은 어른들이 보지 않는 은밀한 곳에서 일어나고 아이들은 폭력의 결과에 대해 충분한 경험도 없고, 통제력도 없기 때문에 지극히 극단적으로 될 수 있습니다. 폭력이 집단화되고 조직화됨으로 해서 쉽게 바로잡히기 어려운 형태로 진화하고 있습니다.

이런 시대에 비폭력이라는 보편타당한 가치와 규범을 가르치는 일은 쉽지 않습니다. 무조건적인 비폭력을 가르치면 아이가 오히려 폭력의 피해자로 만드는 결과를 가져옵니다. 그렇다고 해서 정당방위를 가르치고, 심지어는 적어도 피해자가 되어선 안되므로, 차라리 가해자가 되라고 가르치는 것도 옳지 않습니다. 물론 기본적으로는 아이들이 출입하는 학교나 교육기관은 폭력을 차단할 수 있는 안전장치가 확보된 곳이어야 마땅합니다. 하지만 학교와 교육기관이 그렇지 못한 곳이 되어간다는 사실은 아무도 부인하기 어렵습니다. 그리고 어떤 의미에서는 많은 사람이 살아가는 사회 속에서 완전히 폭력으로부터 안전한 곳은 없습니다. 폭력이 실재하는 세상, 사회 그리고 학교에서 아이가 스스로를 지킬 수 있고, 폭력의 피해자가 되지도 말아야 하지만 가해자가 되지 않게 하려면 부모의 적극적인 교육이 반드시 필요합니다.

비폭력이 왜 필요한지 또 중요한지에 대해 가르쳐야 합니다. 폭력에는 물리적인 폭력만 있는 것이 아니고 언어폭력이 있으며, 그것 역시 매우 위험하고 해롭다는 것을 알려 줘야 합니다. 물론 부모가 비폭력을 가르치려면, 본인 스스로 폭력적이어선 안됩니다. 부모의 비폭력이란 것도 육체적이고 물리적인 것뿐 아니라 언어 자체에서 폭력성이 없어야 합니다. 폭력은 문제를 해결하는 수단이 되지 못합니다. 일시적으로 자신이 원하는 것을 조금 빨리 얻어내는 데 도움이 되지만, 결국 사회와 이웃 자체를 폭력화시킴으로 해서 모든 이들에게 부정적인 결과를 만들어내며 그 과정에서 폭력을 구사하는 자기 자신이 가장 큰 손해를 얻게 됩니다.

우리 주변에 만연한 폭력으로부터 자기 자신을 보호하는 방법을 가르쳐야 합니다.

'그만 해'

라고 말을 하는 것은 자기 보호의 시작입니다. 대체로 폭력을 행사하는 사람은 욕하고 모욕하는 것으로부터 피해자의 저항 의지를 확인합니다. 저항 의지를 확실히 보이는 것은 폭력을 예방하거나 중지시키는 가장 기본적인 장치입니다. 물리적 폭력, 언어폭력 모두 배격한다는 의지를 말, 행동, 조치는 그 자체로 정당한 권리라는 것을 인식시켜야 합니다. 폭력의 피해자 혹은 잠재적인 목표가 되지 않게 하는 몇 가지 방법을 가르치고 연습해야 합니다.

다음으로 폭력을 차단하는 구체적인 방법을 설명해 보도록 하겠습니다.

폭력을 방지하는 능력

우리 주변에 만연한 폭력으로부터 자기 자신을 보호하는 방법은 다음과 같습니다.

첫째, '그만 해'라고 말을 하는 것은 자기 보호의 시작입니다. 대체로 폭력을 행사하는 사람은 욕하거나 모욕적인 도발을 하고 상대방이 어떻게 반응하는지 보면서 피해자의 저항 의지를 확인합니다. 저항 의지를 확실히 보이는 것은 폭력을 예방하거나 중지시키는 가장 기본적인 장치입니다. 물리적 폭력, 언어폭력 모두 배격한다는 의지를 말, 행동, 대응 조치는 그 자체로 정당한 권리라는 것을 인식시켜야 합니다.

둘째, 잔학한 행위는 사실 두려움에서 촉발됩니다. 가해자들은 폭력을 행사하는 동안은 적어도 자기는 폭력의 피해를 당하지는 않는다는 사실에 집착합니다. 폭력을 중지시키기 위해서는 상대방에게 적대적이지 않다는 믿음을 줘야 합니다. '네가 나를 공격하지 않는 한, 나도 너를 공격하지 않을 것입니다'라는 확실한 신호를 줘야 합니다. 반대로 '네가 나를 공격한다면, 나도 결코 가만히 당하지는 않겠다'라는 신호도 분명해야 합니다.

셋째, 두려움을 극복해야만 저항의지를 분명히 보여줄 수 있습니다. 두려워하는 모습 자체가 폭력을 불러들이는 장치가 됩니다. 두려워하지 않는 모습을 연출하는 것이 큰 폭력의 이유가 될 수 있다고 생각하지만 중장기적으로는 용기를 보여주는 것이 더 큰 폭력을 방지합니다. 튀지 않아야 한다는 인식이 만연해 있는 한, 횡포를 부리는 자들의 일방적인 태도를 제어할 수 없습니다. 사회 전체를 지키는 경찰관이 될 필요까지는 없지만, 자기 자신을 지키는 정도의 배짱과 용기는 누구나 필요합니다. 대개 한 두 번 이런 경험이 쌓이면 곧잘 하게 됩니다. 그 뒤에는 오히려 너무 세상을 만만히 보게 되는 것이 문제가 될 정도로 자신감을 가지게 됩니다.

넷째, 학교와 같이 지속적으로 만나는 대상일 경우는 저항의지를 확고히 하는 것이 훨씬 더 중요합니다. 어쩌다 만나는 대상의 경우는 그 순간을 회피하는 것이 더 나을 수 있지만, 일정 기간 계속 만나야 할 때는 두려움을 보여주는 순간 문제가 더욱 깊어집니다. 당연히 교사에게 알리고 협력을 구해야 하는데, 이런 경우에도 교사의 개입을 요청하기 전에, 계속 괴롭히면 교사에게 말하겠다는 경고가 필요합니다. 경고가 있으면, 고자질이 되지 않는 명분이 됩니다. 교사와 학교에 보호를 요청하는 것은 고자질이 아니라 당당한 권리라는 의식도 필요하고, 실제로 학교나 교사의 적극적인 보호와 협력도 필요합니다.

다섯째, 저항 의지를 갖는 것, 두려움을 갖지 않는 것, 자기 보호와 공격적으로 폭력을 유발하는 것과의 차이점 알기, 횡포를 부리는 상대에 대해 그 다음 단계의 조치를 단계적으로 이해하는 것, 학교와 교사의 협력을 요구하는 방법 익히기 등이 중요합니다.

폭력을 멈추는 다섯 가지 원칙은 저항 의지, 용기, 한계, 다음 절차, 협력 유도입니다.

Q : 느린 학습자

어네스트(가명) 만 8세

과제가 주어지면 완성하는 데 너무 시간이 많이 걸립니다. 그림을 그리게 되면 바로 시작하지 못하고 구상을 하는지 시작하기를 주저합니다. 지우고 고치기를 반복하고, 과제 제출 시간이 되어도 더 많은 시간을 요구합니다. 결국 다음 활동으로 넘어가지 못하고, 학급 운영에도 늘 방해가 된다고 해서 지적을 받습니다. 왜 매사가 다 느린지 모르겠습니다.

A :

대개 몰입하는 깊이와 완벽주의 경향이 연결되어 있습니다. 또래 아이들보다 자아 의식이 빨리 형성되고, 다른 사람들이 자기에 대해 어떻게 평가할 것인지에 대한 의식, 두려움이 훨씬 강합니다. 결과물에 대한 평가도 나이에 비해서는 훨씬 정밀한 편이어서 완성도에 대한 기준이 지나치게 높습니다. 일반적인 집단교육 내에서는 많은 문제를 유발하지만 아이의 입장에서 본다면 첫째, 완벽주의 둘째, 높은 기준 셋째, 결과에 대한 비평적인 시각을 가지는 것을 나쁘게만 볼 수는 없습니다. 세 가지 모두 성인이 될 때까지 잘 유지되고 발전한다면 전문성과 완성도를 높이는 기본적인 자질이 됩니다. 또래 아이들의 경향이나 일반적이고 평균적인 수준과 비교하면 지나치다는 것은 사실입니다. 그러나 비정상적이거나 병적인 것으로 볼 수는 없습니다. 이런 완벽주의를 적절히 완화시켜 줄 수 있는 방법이 아주 없는 것은 아니지만, 그런 노력이 자칫 아이가 장차 대성할 수 있는 기본적이고 선천적인 자질을 훼손하는 결과가 될 수도 있습니다. 예술, 학문, 리더십, 창조적인 산업의 개척자들에게는 대체로 비슷한 요소가 있었습니다. 무수히 많은 사례가 있습니다.

이런 경향을 완화시키기 위해서는 한두 번 야단을 치거나 교정적인 충격을 주는 것으로는 효과가 없습니다. 장시간에 걸쳐 반복적으로 설득하고 이해시키는 작업이 필요합니다. '지금은 그렇게까지 완전하고 높은 기준은 필요없단다' '학교 수업에 지장을 주어서는 안된다'는 이야기를 수없이 반복해 줘야 합니다. 부모나 이름난 대가들도 실수를 하고, 어렸을 때는 미숙하고 서툴렀으며, 많은 과정을 통해 완성도를 높였다는 이야기도 해줘야 합니다. 물론 이런 이야기를 한두 번 해주지 않은 학부모는 없습니다. 대부분 그 정도로는 교정이 되지 않습니다. 50번 100번이라도 반복해줘야 합니다. 단체 학습에서는 일단 정지하고 다시 나머지를 완성할 수 있는 기회를 제공해야 합니다. 이런 경우, 그 약속을 반드시 지켜줘야 하는데, 학교나 학교 교사가 그런 약속을 지키지 못하는 경우도 많습니다. 과제물을 집에 가지고 오는 경우에는 본인이 만족하는 만큼 충분한 시간과 공간을 제공하면 행동 교정에 도움이 됩니다.

몰입 경향은 영재들의 전형적인 특성입니다. 10세 이전의 학생들은 20~30분 이상 한 가지 놀이나 과제에 집중하기 어렵습니다. 아무리 재미있는 활동이라 하더라도 30분 이상이 되면 새로운 활동이나 놀이로 전환하는 것이 맞습니다. 하지만 어떤 학생들은 2~3시간, 혹은 5~6시간, 혹은 12시간 이상 한 가지 활동에 몰입하는 경우가 있습니다. 어른들이 보기에 그다지 생산적이지 못한 활동이라 하더라도 어린 아이가 자발적으로 몇 시간 이상 한 가지 활동에 몰입하는 것은 큰 가치가 있습니다. 특별히 지능 검사로 평가하지 않더라도 이런 아동은 틀림없이 영재성을 가졌다고 확신을 해도 무방합니다. 장시간 한 가지에 몰입하고 집중할 수 있다는 것 자체가 남다르며, 어떤 분야에서건 전문성과 완성도를 스스로 만들어낼 가능성이 아주 높습니다. 많은 부모들이 그런 몰입 경향을 병적인 것으로 보는데, 우스운 일은 대학, 대학원 과정에 가면 그런 몰입할 수 있는 능력을 만들어 주기 위해 많은 노력이 기울여진다는 것입니다. '전문가 양성'이란 인위적으로 몰입 경향을 만들기 위한 여러가지 과정이란 점입니다. 부모들이 보기에 지극히 하찮고 사소한 것이라도 집중과 몰입은 그 자체로 학문적인 것이나 전문 분야에서 대성할 수 있는 자질을 보여주는 것입니다. 그럴 수 있는 시간과 공간을 확보해 주는 것이 영재 교육의 핵심입니다.

아이의 느린 행동, 느린 작업 전환에 대해 걱정하는 부모일수록 말과 행동이 빠르고 강박적인 경향이 많은 것도 유의할 점입니다. 아이의 행동은 부모의 빠른 행동 요구에 대한 무의식적인 반작용일 수도 있습니다. 강고한 자아 의식이 부모에 대해 소극적으로 항거하는 과정에서 그런 행동과 태도가 고착될 수도 있습니다. 거꾸로 이야기해서 부모가 매사에 빠른 행동을 요구하고 본인 스스로 일정에 정확히 맞추는 것에 집착하는 경향이 있는 것일 수도 있습니다. 물론 시간을 지키고 엄수하는 태도를 나쁘거나 비난할 수 없습니다. 하지만 시간과 정확성은 상대적이라는 것을 잊어서는 안됩니다. 정확하고 빠른 사람에게는 다른 사람의 시간이나 태도가 견딜 수 없을지 모르지만 시간에 대해 지나치게 경직된 것일 수도 있습니다. 아이가 시간관념에 순응하고 길들여지는 것은 훨씬 오랜 세월이 필요할 수도 있습니다. 무엇보다도 그런 시간 관리 방식에 대해서 속으로 반발하고 있을 수 있습니다. 누구에게나 자신에게 편안하고 적정한 리듬과 박자가 있다는 것을 인정해야 합니다. 일반적으로 사람들은 자신이 하고 싶어 하고 열정을 느끼는 일에 대해서는 당연히 빠른 반응을 보입니다. 그렇다면 느리고 지연되는 반응을 보인다면, 앞으로 진행될 프로그램이나 내용에 대해 일정한 반감이 있을 수도 있고, 애착이나 선호도가 낮다는 것을 보여주는 것일 수도 있습니다. 이런 시간 끌기와 재촉하기는 오랜 세월 반복되면서 부모 자녀 사이에 보이지 않는 고집 싸움 혹은 주도권 쟁탈로 고착될 수 있습니다. 이건 양쪽 모두에게 바람직하지 않습니다. 부모는 자녀의 태도를 효과적으로 교정할 수 없고 오히려 자녀에게 소극적으로 저항하는 성향을 심어줄 수 있습니다. 자녀와 부모 사이의 소통을 가로 막는 큰 장애 요소로 자리 잡을 수도 있습니다.

해결의 실마리는 결국은 부모가 쥐고 있습니다. 우선 부모가 아이와의 시간을 매개로 하는 고삐잡기 경쟁을 포기할 필요가 있습니다. 학교에서나 바깥에서 일어나는 갈등에 대해서는 본인 스스로 그 결과를 받아들이도록 할 필요가 있습니다. 부모가 통제할 수 없는 부분까지 책임을 지고 교정하려는 노력은 보람도 없고 효과도 극히 낮습니다. 아이가 도움을 요청할 때까지 기다리거나 의도적으로 무시할 필요가 있습니다. 가족이 같이 움직여야 하는 사안에 대해서는 일정한 한계를 설정해서 어느 선을 넘게 되면 온 가족이 피난 가는 상황이 아닌 이상, 다른 가족들이 아이를 두고 움직이거나 다른 대안을 선택할 수밖에 없습니다. 같이 행동하는 것에 집착하면 큰 싸움이나 되거나 소모전으로 번질 수밖에 없습니다. 부모는 아이가 선택할 수 있는 활동이나 사물을 보여주되 선택은 아이 스스로 하도록 하고, 그 선택을 존중할 필요가 있습니다. 되도록 어린 나이에 계속 선택의 기회를 주는 것이 좋습니다. 그리고 선택에 따른 결과를 스스로 평가할 수 있게 해야 합니다. 결국 자신이 좋아하는 일, 자기가 선택한 것을 갖거나 활동을 할 수 있도록 하여 주도적이고 적극적인 생활 리듬을 만들어 나가야 합니다. 어떤 이유로 10세 이후에는 이런 문제가 해결되지 않았다면, 아이가 가진 특징으로 인정해 줄 수밖에 없습니다. 굳어진 습관과 태도를 바꾸기는 여간 힘들지 않습니다. 그렇더라도 완전히 기회가 사라지는 것은 아닙니다. 아이도 단체 활동이나 다른 사람들과의 생활 속에서 자신의 단점으로 인식하고, 어떤 계기로 습관을 고쳐야 되겠다는 자각을 하는 경우가 있습니다. 그럴 때 도와주는 역할을 할 수 있습니다. 격려하고 습관과 태도 변화를 포기하지 않도록 조언하고 여러가지 힌트와 방법을 이야기해 줄 수도 있습니다. 게으르다고 비난하는 것은 도움이 되지 않습니다. 많은 경우, 자신이 원하지 않는 일을 열심히 하는 아이는 드물고, 오히려 원하지 않으면서도 억지로 업무를 수행하는 태도를 바람직하다고만 볼 수 없습니다. 결국 적절한 균형점 사이에 들어 있기를 기대해야 합니다. 아이를 잘 관찰하면 아이가 만사에 게으르고 시간을 끄는 경우는 극히 드뭅니다. 무엇인가 자기가 자발적으로 선호하는 활동을 한두 가지는 갖고 있습니다. 그리고 그런 활동에 적극 참여하고 즐길 수 있게 하면 태도와 습관을 교정하는 데 도움이 됩니다. 그 활동이 바람직하지 않다고 부모가 판단할 때가 있습니다. 이 부분에 대해서도 부모들은 스스로 편견을 가진 것이 아닌지 돌아볼 필요가 있습니다. 현대 사회가 복잡다기하게 발전하는 만큼 특정한 학습이나 활동만이 바람직한 것이 아니기 때문이고, 10세 이전에는 어떤 활동이라도 몰두할 수 있는 활동을 통해 아이들은 많은 것을 학습하게 되기 때문입니다.

Q : 저하된 학습 의욕

데이빗(가명) 만 11세

아이가 분명히 명민하고 이해력이 빠른 데도 불구하고 좀처럼 학습에 의욕을 보이지 않습니다. 처음에 다소 어렵다고 느끼면 아예 시작도 하지 않으려고 합니다. 처음에는 흥미를 느끼지만 반복 연습이 필요한 곳에 이르면 싫증을 느끼거나 학습을 외면하고 이 핑계 저 핑계를 대면서 시작하려고 들지 않습니다.

A :

　학습에 대한 동기유발이 손쉽게 이뤄진다면 많은 부모들이 만족할 것입니다. 영재들은 동기 유발만 된다면 매우 놀라운 학습 능력을 발휘할 수 있습니다. 어떤 사람은 두뇌의 능력보다는 성취동기가 영재의 결정적인 요소라고 말합니다. 그런 말이 있을 만큼 동기유발은 쉽지가 않습니다. 많은 생각도 필요하고 상당한 경험, 노하우, 인내심, 전략이 필요한 부분입니다. 명석한 아이들은 기본적으로 학습을 싫어하지 않습니다. 대체로 배우는 것을 좋아하고 호기심이 강한 편입니다. 많은 경우 경쟁심도 있고, 이기고 지는 경험에 대해 매우 강한 반응을 보입니다. 일단 학습을 시작하면 지식을 흡수하는 속도도 빠릅니다. 그런데 왜 잘 안될까요?

　영재들은 '자아 의식'이 또래들보다 아주 빨리 형성됩니다. 다른 사람들의 평가에 대해 상당히 민감하게 작용합니다. 자신의 미숙한 부분을 남에게 보여주길 싫어합니다. 자기 가족이나 부모에게조차 자신이 아직 익숙하지 못한 모습을 보여주는 것을 피하려 합니다. 그런 점도 다소 심하게 나타나기 때문에 비정상적이 아닌가 걱정되는 일이 많습니다. 따라서 아이의 학습 성과에 대해서 비평하거나 비교하는 일은 되도록 자제하는 것이 도움이 됩니다. 별 것 아닌 한 마디조차도 아이가 학습하는 노력을 피하고 거부하는 것으로 연결될 수 있습니다. 쉽지 않은 일이고 부모 입장에서는 다소 억울한 일입니다. 그렇게까지 조심해야 될 일인지 의심스러운 것도 사실입니다. 하지만 조심하고 자제할수록 아이에게는 유리하게 영향을 줍니다. 아이의 학습 결과가 아니고 호기심을 가지는 것, 무언가 한 번 도전해 보는 시도에 대해 적극적으로 칭찬해 주는 것이 큰 도움이 됩니다. 영재들에게는 형식을 갖춘 학습이 잘 맞지 않는 경우가 많습니다. 문제를 풀거나 교사의 설명을 듣는 것보다 자신이 직접 과제를 해결하는 경험이 더 큰 효과를 얻습니다. 말없이 관찰하고 스스로 몇 가지 손동작을 하면서 배우는 것이 훨씬 강력한 동기 유발로 이어집니다. 충분한 시간을 확보해 주어서 스스로 다양한 책을 접하면서 눈과 머리로 흡수하는 내용이 더 많을 수 있습니다.

아이가 학습에 대해 거부감을 나타낸다면 오히려 부모가 아이가 학습한 내용을 확인하려고 조바심치는 것이 아닌가 돌아볼 필요가 있습니다. 몇 가지 학습 의욕을 높이는 원칙들을 정하고 장기적으로 지켜나가는 것이 중요하고 결과적으로 도움이 됩니다.

첫째, 결과에 대해 애써 외면하고 도전, 새로운 시도, 반복 훈련하는 자세를 칭찬합니다.

둘째, 다양한 경험을 중시하고 부모는 조련사가 아니고 아이의 경험을 열어 주는 도우미라는 입장을 유지합니다.

셋째, 아이의 실패에 대해 강조하지 말고 주변의 다른 아이와 비교하는 말은 최대한 삼갑니다.

교육 과정의 핵심은 반복 훈련인 경우가 많습니다. 누구나 반복 훈련은 다 재미도 없고 하기 싫어합니다. 지능 지수가 높은 아이일수록 반복 훈련에 대해 더 거부감을 보입니다. 하지만 어떤 영역에서건 반복 학습은 완성도를 높이는 데 있어 결정적입니다. 잔소리, 당근과 채찍, 심지어는 강압이나 협박이 효과를 보이는 것이 현실입니다. 많은 부모들이 이런 방법에 의존하기도 하지만, 실제로는 이런 방법의 부작용에 대한 두려움으로 다시 위축됩니다. 결국 이것도 저것도 아닌 적당한 지점에 머무르기도 하고, 너무 지나쳐서 부모 관계를 망가뜨리기도 합니다. '당근과 채찍'은 단기적인 효과를 가질 뿐입니다. 평생 같이 살아가는 부모라면 이런 방법을 사용하면 안됩니다. 이런 방법에 대한 유혹은 부모로서는 거부하기 힘든 것이 사실이지만, 결코 좋지 않습니다. 아이에게 지겨운 반복 훈련이 필요하다는 것을 인식시키고 스스로 훈련 과정을 감수하도록 하려면 완성도 높은 대가의 모습을 느끼고 흠모하게 하는 경험이 필요합니다. 좋은 명작을 보여주거나 존경할만한 역할 모델을 애써 찾는 것은 다 그럴 만한 가치가 있기 때문입니다.

역할 모델을 실감하게 해주는 경험이 큰 도움이 됩니다. 좋은 공연을 보여준다거나 고매한 인격과 탁월한 업적을 가진 사람의 강연을 듣거나 박물관이나 기념관을 가는 이유가 다 그런 이유 때문입니다. 동서고금을 통해 훌륭한 인물들은 많습니다. 위인전이나 매스컴을 통해 그런 이들을 반복적으로 인지하게 되는데, 그 가운데 아이에게 가장 크게 어필하는 인물이 자연스럽게 형성됩니다. 일회적으로 한 번의 경험으로 롤 모델이 형성되기는 어렵습니다. 아이가 흥미를 가지는 인물이 나타나면 보다 자세하고 구체적인 관심이 지속될 수 있도록 유도할 필요가 있습니다. 관련 자료를 모으거나, 스크랩북을 만들거나, 관련된 문학이나 공연물을 찾아보거나 관련된 기념관을 견학하는 것이 큰 도움이 됩니다. 아이에게 가까운 인물일수록 동기 유발 효과가 커집니다. 아이가 늘 접할 수 있는 가족이라면 더 바랄 나위가 없습니다. 가까운 친인척도 좋고, 가까운 곳에 사는 이웃이어도 책이나 매스컴을 통해 만나는 사람보다는 더 큰 효과가 있습니다.

무엇보다 학습이나 집중이 있기 이전에 흥미가 먼저 있어야 합니다. 흥미를 느끼는 대상이나 목표가 나오기도 전에 학습에 집중하기를 기대하거나 강요하면 안됩니다. 그렇게 되기 쉬운 것은 이해가 되지만, 결국 동기 유발에 실패하는 길이 됩니다. 다소 시간이 걸리더라도 동기 유발이 극대화될 수 있는 노력을 열심히 하고 기다리는 자세가 반드시 필요합니다.

영재들은 대체로 자기 완벽주의가 심하고, 또래에 비해 보다 완성도가 갖추어진 모습을 보이고 싶어 합니다. 가족 혹은 자기가 가장 가깝게 느끼는 부모에게도 그런 경향을 보입니다. 데이빗이 새로운 것에 의욕을 보이지 않는 것은 스스로 그런 완벽주의 경향이 강해서 일수도 있고, 부모가 자기를 주시하고 있는 것을 지나치게 의식하기 때문일 수도 있습니다. 부모들은 관심을 가지는 것이 당연하기는 하지만, 지속적으로 잘 하기 위해서는 반복 연습이 필요하다는 것을 한 마디 씩 계속할 필요가 있습니다. 그리고 훈련하는 과정에서의 미숙함에 대해서는 애써 눈을 돌리고 보지 못하는 척해주면 도움이 됩니다.

인센티브를 제공하는 것도 새로운 것을 처음 시작할 때는 상당한 효과를 보기도 합니다. 대체로 짧은 시간이라도 집중적으로 연습하면 기량 향상은 빠른 편이기 때문에 일정한 목표를 설정하고 달성하면 보상해 줍니다. 단기간의 집중을 통해 자신의 기량이 빨리 늘어나는 것을 본인 스스로 의욕을 느끼게 해주는 효과가 있습니다. 이런 미끼만을 사용하는 것은 장기적으로는 바람직하지 않지만, 자신이 가진 잠재력을 일깨우고 스스로 감지하도록 가끔은 해볼 만합니다. 그러나 가장 강력한 인센티브는 칭찬 그리고 아이가 보여준 가능성과 작은 성취에도 기뻐해 주는 식구들의 모습이란 것을 잊어서는 안됩니다. 많은 부모들이 아이의 자만심을 이유로 작은 성과에 대해서는 칭찬이 인색하고 냉담한 태도를 보입니다. 하지만 이런 습관이 전반적으로 아이의 학습 의욕 부진에 연결된다는 것을 생각해 보아야 합니다. 학습 진도나 목표가 어려움에 부딪히고 발전이 정체되는 슬럼프에도 인센티브가 탈출구가 될 수 있습니다. 종교를 가진 사람이라면 가족이 같이 기도하고 기도문을 작성하는 것도 도움이 됩니다. 중간 목표를 설정하고 한 단계의 중간 목표에 도달할 때마다 작은 축하를 하고 선물을 주는 것도 좋은 전략입니다. 아주 어려운 목표도 중간 목표를 정해 주는 경우에는 지속적으로 훈련을 유도하고 목표에 다가서는 것을 실감하게 해주는 효과가 있습니다.

Q : 정의가 사라진 교실문화

도날드(가명) 만 8세

아이들이 선생님이 "쉬는 시간에도 떠들면 안 돼"라고 했음에도 불구하고 선생님이 자리를 비운 사이, 기다렸다는 듯, 떠들고 소란을 피우는 행위를 하는 것을 이해하지 못하겠다고 합니다. 본인은 쉬는 시간에도 하고 싶은 말이나 행동을 계속 참았음에도 불구하고, 선생님은 자신의 지시를 지키지 않은 다른 학생들에게 뚜렷한 처벌을 하지도 않고, 오랜 시간 참고 선생님의 지시를 충실히 지킨 자신에 대해서 특별히 인정해주지도 않는다고 불평합니다. "우리 교실에는 정의가 없어요"라고 합니다.

A :

　아이가 느끼는 불공정하다는 느낌은 어른의 눈으로 보면 비현실적이고 외골수로 보입니다. 그러나 아이의 입장에서는 실제로 대단히 억울하다는 것을 공감해 줄 필요가 있습니다. 선생님은 자기가 지시를 했지만, 아이들이 선생님이 자리를 비우는 전혀 그 지시가 지켜지지 않을 것이라는 것을 이미 알고 있습니다. 보통의 아이들은 그런 지시를 어기는 것에 대해 전혀 가책을 느끼지 않지만, 어떤 아이들은 명확한 지시와 그에 대한 명백한 위반 사이에서 큰 괴리를 느낍니다. 아이들이 이런 억울함을 호소할 때, 우선은 아이가 시간을 가지고 충분히 이야기할 수 있는 기회를 제공할 필요가 있습니다. 어떤 아이들은 선생님의 지시를 거역한다는 느낌에 대해 다른 아이들에 비해 매우 큰 거부감을 가질 수 있습니다. 이런 일이 잘못 되었다는 논리는 그 자체로는 틀리지 않습니다. 이런 일들은 어른들 세계에서도 수없이 반복되는 일들입니다. 이런 상황에 대해 일일이 분노한다면 누구도 한 순간도 살아갈 수 없을 것입니다.

　아이들도 모든 일이 규칙대로만 진행되지 않는다는 것을 전혀 모르지는 않습니다. 이 아이들은 상황에 대해 매우 자세한 내용들을 매우 선명하게 기억하고 의식합니다. 따라서 매우 자세한 정황을 설명하면서 자신이 느끼는 무력감이나 분노를 아주 길게 설명하려고 노력합니다. 그것 자체가 들어주는 부모의 입장에서는 대단히 힘들게 느껴지는 시간이 될 수 있습니다. 우선 아이가 느끼는 모순을 극복하도록 돕기 위해서는 매우 빠른 처방과 설명이 중요하지 않다는 것을 이해해야 합니다. 먼저 아이가 느끼는 분노와 억울함에 대해 되도록 온전하게 공감을 표시할 필요가 있습니다. 아이의 이야기가 길어지고 세부적인 내용에 대한 설명까지 자꾸 길어지는 이유는 듣는 부모가 자신의 감성을 충분히 공감하지 않고 있다는 것을 느끼기 때문일 수 있습니다. 아이가 느끼는 감정이란 그 자체로는 옳고 그름도 없고 선악도 아닙니다. 보통 아이들보다 훨씬 강렬하게 느끼는 것도 그 아이가 가진 독특한 특성일 뿐이지 비정상적인 것도 아니고 병적인 것도 아닙니다.

처음 상황에 대한 설명이 어느 정도 끝나는 지점에서 매우 적극적으로 아이의 감정에 공감을 표시하고 이해해 주었다는 표시를 강하게 표시하면 이야기가 지나치게 길어지는 것을 예방할 수 있습니다. 공감을 표시한 다음 질문을 통해 전후 사정에 대해 보충 설명을 요구하면 더 큰 효과를 얻습니다. 상대가 일단 감정적으로 공감한 다음, 구체적인 몇 가지에 대해 질문을 하게 되면 아이는 상대가 관심을 가지고 듣고 있으며, 자기의 감정이 받아들여졌다는 것만으로도 크게 위로를 얻고 분노의 감정을 누그러뜨릴 마음의 여유를 얻게 됩니다. 아이가 강한 감정을 가진 것을 초기에 성공적으로 수용하는 것은 부모와 자녀 사이의 유대감을 강화하는 매우 좋은 기회입니다. 이런 것을 적극적으로 활용하면 적은 시간으로도 부모 자녀 사이의 관계를 효과적으로 강하게 만듭니다. 오히려 좋은 기회입니다. 감성적인 공감대를 형성한 것으로 아이가 느끼게 되면 그 다음의 과정은 생각보다 어렵지 않습니다.

질문을 통해 상황을 객관적으로 바라보게 유도한 다음, 또 다시 그런 상황이 되었을 때 어떻게 처신하는 것이 좋을지에 대해 물어 보면, 자신이 처했던 상황을 다른 차원에서 생각해 보기 시작합니다. 충분히 분노의 감정이 소화되지 않았다면 극단적이고 공격적인 대응 방안을 말합니다. 그런 대응이 어떤 결과를 불러 오게 될 것인지 물어보면, 의외로 나이답지 않게 비교적 그럴 듯한 예상을 하는 경우가 많습니다. 솔직히 잘 모르겠다고 하면, 경험자로서 그런 대응이 가져 올 결과에 대해 예상하게 되면, 비교적 빠르게 이해합니다. 그 상태에서 또 다른 접근 방법에 대해 생각해 보기를 유도하면 많은 경우, 아이는 상당히 현실적인 대응 방안을 제시합니다. 부모가 가장 현실적인 대안을 제시하는 것보다 훨씬 큰 교육 효과를 얻습니다.

Q : 습관적으로 말대꾸하는 아이

찰리(가명) 만 8세

아이가 어른들 말에 계속 토를 달면서 따집니다. 어떤 때는 상당히 날카로운 지적이나 논리적 모순을 꿰뚫기도 하지만, 자기만의 논리에 빠져서 터무니없는 주장을 늘어놓기도 합니다.

A :

지적 특성이 강한 아이들 부모가 상당히 괴로워하고 어려움을 느끼는 부분입니다. 일단 아이의 지적 특성이 발달하는 과정에서 한동안 필요한 것이라고 이해할 필요가 있습니다. 자아 의식이 발달하게 되면 남과는 다른 의견이나 시각을 가지고 있다는 것을 확인하고 때로는 자랑하고 싶은 욕구를 가집니다. '미운 7살'이 '미운 3살'이 되었다는 이야기가 있습니다. 이 시기의 아이들은 '아니요', '싫어'라는 말을 습관처럼 달고 삽니다. 때로는 '왜요?' '왜 안되는데요?'라고 사사건건 시비하기도 합니다. 자신도 부모와는 다른 욕구를 가지고 있고, 그것을 기어이 자기 뜻대로 하고 싶다는 의지를 보입니다. 이 시기에 부모들은 혼란에 빠지기 쉬운데, 넓고 긴 시각을 갖는 것이 현명합니다. 두 가지 사이의 균형을 필요로 합니다.

아이가 실제로 자기 멋대로 행동하고 버릇없고 무례한 모습을 방치할 수는 없습니다. 하지만 인지 발달 과정 상, 자신의 의지, 존재, 판단력을 발휘하고 발전시키는 과정을 억제하거나 묵살해서도 안됩니다. 아이가 부모에게 따지는 것은 자신의 주장을 펴면서 이야기해 볼 수 있는 상대가 달리 없기 때문입니다. 다소 틀린 논리와 주장이라고 하더라도 자신의 주장을 양껏 해볼 수 있는 기회가 많을수록 좋습니다. 아이들의 언어, 논리, 자기주장을 자신 있게 펼치는 용기를 발달시켜 주는 것이므로 되도록 많이 해볼 수 있도록 환경을 만들어 주는 것이 좋습니다. 아이의 주장을 성의 있게 들어 주고 흥미를 가지고 우호적으로 대응할 수 있는 상대가 있다면 더욱 좋습니다. 보통은 또래 집단에서는 그런 상대를 찾기가 어렵습니다. 체험 학습 활동의 중요한 목표 중 하나는 그런 대화 상대를 자연스럽게 발견하도록 유도하는 것입니다. 이런 대화가 서로에게 유익하게 진행되려면 대화의 수준이 비슷해야만 합니다. 아이들에 따라서는 2~3시간 이상을 토론을 원하는 경우가 있는데, 보통은 그런 장시간의 집요하고 지루한 논쟁을 견디지 못합니다. 하지만 이런 것을 즐기는 아이가 하나 둘 있다면 서로에게 만족감을 가질 수도 있습니다. 아이가 자아를 표현하고 발표하고 싶은 것이 있다는 것은 인정하더라도 무례하고 일방적인 모습을 보이는 것은 다른 차원의 문제입니다.

이 장면에서도 '너 메시지'가 아니라 '나 메시지'로 설득할 필요가 있습니다. '너는 왜 그러니?', '네 생각이 틀렸어', '너는 왜 그런 식으로만 생각하니?' 와 같은 식으로 반박하고 지적하면 아이는 끊임없이 자기 입장에서의 변명이나 자기 방어에 골몰하고 집착하므로 필요한 행동 교정 효과를 얻기 어렵습니다. '나는 네가 그렇게 말하니 이런 생각이 드는구나', '이런 느낌이 드는구나', '당황스럽구나'라는 '나 메시지'로 대응하면 아이도 상대방의 입장이나 느낌을 인지하게 됩니다. 부모가 '너 메시지'에서 '나 메시지'로 전환하여도 아이가 오히려 부모에게 '너 메시지'로 일관할 수 있습니다. 결과적으로 위아래가 뒤바뀐 상황이 전개될 수 있습니다.

결국 '너 메시지'로 공격을 많이 당한 아이는 자기 스스로도 '너 메시지'로 대응하는 습관이 이미 들어 버린 상태일 수 있습니다. 부메랑으로 아이에게 공박한 오랜 습관이 부모를 향한 공격적 태도로 돌아오는 경우가 많습니다. 그렇다고 해서 다시 부모가 '너 메시지'로 반격하고 아이에게 너는 '너 메시지'를 사용할 수 없다고 강압하는 태도로 바꾸어선 해결이 안됩니다. 부모가 일관되게 '나 메시지'를 일관해 부모가 지적하는 사람이 아니고 가까운 남으로서 서로 존중하고 배려해 주는 대상이 된다는 것을 가르쳐야만 아이의 공격적인 태도를 순화할 수 있습니다. 아이가 자기 논리에 빠져서 오히려 명백히 틀린 주장을 고집

하는 수도 있습니다. 역시 '네 이야기를 이해하자면 이런 뜻으로 해석될 수도 있는데, 그것은 모순처럼 느껴지는구나'라고 대응하면 자기 논리에 대해 스스로 돌아보는 계기로 작용합니다. 아이의 주장이 일리는 있지만, 상식적으로 무리가 많은 주장일 수도 있습니다. 아이 주장의 모순이 교묘하고 그럴 듯한 사례나 억지 논거를 퍼 부어서 오히려 어른에게도 반박하기 어려운 수준에 이미 도달할 수도 있습니다. '그래도 나는 납득이 안되는구나'로 대답하여 틀린 주장을 인정할 수 없다는 것은 분명히 해야 하고 서둘러 멘토를 찾아야 합니다.

Q : 선행학습의 혼란

브라운(가명) 만 4세

어떤 이는 선행학습이 영재에게는 매우 해롭다고 하는데, 어떤 이는 선행학습을 하지 않으면 영재성을 잃게 된다고 합니다. 매우 혼란스럽고 서로 다른 주장으로 갈팡질팡하게 됩니다. 어떤 말이 타당한가요?

A :

결론적으로 두 가지 주장 모두 틀립니다. 영재 특성은 선행학습을 통해 만들어지지도 않으며 일시적으로 성과가 있는 것처럼

럼 보여도 계속 유지되는 것도 아닙니다. 우리가 생각하는 것보다는 프로그램화 되어 있는 학습은 영재성의 개발이나 발달에 큰 영향을 주지 못합니다. 보조적인 수단일 뿐입니다. 영재들은 프로그램화되어 있지 않은 일상적인 생활환경 속에서도 끊임없이 새로운 정보를 흡수하며, 새로운 정보를 바탕으로 많은 생각을 발전시켜 지적 능력을 스스로 발달시키고 있습니다. 그렇다고 해서 선행학습을 금해야 되는 것은 아닙니다. 선행학습을 일부러 기피한 결과 오히려 학교생활에서 부적응을 강화시키는 사례가 많습니다. 영재들에게는 특유의 완벽주의가 있기 때문입니다. 또래 집단들이 익숙한 내용을 자기만 모른다고 느끼는 경우, 학습을 거부하는 경우가 적지 않습니다. 지역에 따른 편차가 매우 큽니다. 교육 여건이 발달되어 있고, 경쟁이 치열한 곳에서는 그에 상응하는 적정 수준의 선행 교육이 오히려 필요합니다. 상대적으로 선행학습 경쟁이 심하지 않은 지역에서는 무리한 선행 교육을 할 필요가 없습니다. 아이가 다른 아이들과 비슷한 조건에서 학업 경쟁을 시작할 수 있도록 하는 것이 적정합니다.

고등학교를 거쳐 대학교 과정에 이르는 긴 기간 동안에는 결국 영재들은 자신의 역량을 개발할 수 있는 기회를 얻게 됩니다. 선행이 많이 되어 있지 않은 아이도 고등학교 과정에 진입하면 역량을 발휘하게 되는 경우가 많습니다. 핵심은 스스로의 역량에 대한 자신감을 유지하고, 학업에 대한 흥미와 의욕을 잃지 않게 하는 배려입니다. 선행 수준은 오히려 중요하지 않습니다. 선행 효과는 고등 교육 기관으로 진학할수록 학년이 올라갈수록 점차 사라집니다.

초등학교 입학 시점에서 한글을 읽지 못하는 학생의 수는 급격히 줄어들어서 많은 지역에서 초등학교를 입학하는 1학년생 중 한글이나 간단히 수 연산을 하지 못하는 학생이 하나도 없거나 30명 내외의 학급에서 한두 명 이하인 경우가 많습니다. 영어에 대한 선행도 점차 확산되어서 초등학교 입학 이전에 100단어 이상 익힌 아이가 점점 많아지고 있습니다. 결국 선행학습은 마라톤에서 페이스 조절을 실패하게 하는 위험 요소와 같습니다. 누군가가 스퍼트하면서 내달리면 다른 선수들도 자기 페이스를 유지하지 못하고 서두르게 하는 촉진제가 됩니다. 지적 특성이 약한 아이일수록 이런 초반 경쟁으로 중학교 이후 페이스 조절에 실패할 위험이 있습니다. 지적 특성이 강한 아이라 하더라도 페이스 조절에 실패하면 학습 거부를 일으키게 만들 수 있습니다.

반대로 누구나 선행학습을 하면서 당연히 받아들이는 분위기라면 그런 분위기에 적절히 편승하는 것이 영재에게는 오히려 나은 결과를 만듭니다. 또 한 가지 명심해야 할 것은 일반적인 학원 수업은 영재들에게는 맞지 않습니다. 진도 진행이 영재들에게는 지나치게 경직되어 있어서 너무 느리게 진행됩니다. 학원은 집단 지도 방식이어서 특수한 아이를 위한 진도를 배려해 줄 수 없습니다. 영재들에게는 불필요한 반복 학습을 강요할 수도 있습니다. 실수하는 부분을 지나치게 강조하는 것은 좋지 않습니다. 실수를 지적하면서 반복 학습을 고집할 경우가 많습니다. 영재들의 학습 패턴은 확연히 달라서 실수를 통제하는 부분은 훨씬 나중에야 교정됩니다. 실수로 보이는 부분은 대범하게 수용하고 고도 개념으로 적정한 속도로 이행하는 것이 훨씬 효과적입니다. 대체로 2:1 교육조차도 효율을 많이 떨어뜨려서 1:1 멘토링 위주의 교육을 권합니다. 초기 단계에서는 부모가 저녁 시간 이후에 5~10분 정도만 지도하는 것이 학원에 보내는 것보다 훨씬 큰 효과를 가집니다. 거부감을 일으키는 학원 수업은 오히려 보내지 않는 것이 장기적으로는 유익합니다. 적정한 속도에 대해서는 지능 검사, 지능 지수, 그에 대한 구체적인 해석을 통해 좀 더 자세히 이해할 필요가 있습니다.

Q : 평범해 보이는 영재

토마스(가명) 만 8세

겉으로 보기에는 평범해 보이는데 진짜 영재도 있나요?

A :

　우선 영재의 기준은 상위 2%입니다. 50명 중 가장 머리 좋다는 사람들인 셈입니다. 하지만 대부분 영재들은 지극히 평범해 보입니다. 때로 좀 둔해 보이고, 장애를 가진 사람도 있고, 전혀 좋지 않은 학교를 다니거나 학교 중퇴자도 많습니다. 오히려 다 알 만한 명문대 재학생이나 졸업한 영재는 전체 영재의 15% 정도 밖에 되지 않습니다. 지수는 높지만 겉으로 지극히 평범해 보이는 아이들이 어떤 의미에서 오히려 이상적인 상태일 수도 있습니다. 영재들은 대체로 또래 관계에서 상당히 큰 어려움을 겪게 됩니다. '6세에서 10세 사이가 가장 어렵다'는 보고가 있습니다. 이 시기가 아이가 또래와의 접촉을 통해 기본적인 사회성을 익히는 시기 입니다. 이 시기에 친구들과 많이 어울리고 때로 다투고 화해하고, 놀이를 하면서 사람들의 감정이 어떻게 달라지고 반응하는지 경험하게 됩니다. 이것을 통해 사람을 사귀는 기본적인 방법을 학습하게 됩니다. 이 시기에 영재성 혹은 높은 인지 능력이 지나치게 강하게 들어나게 되면, 친구 관계를 아예 경험할 기회를 놓치게 될 위험성이 생깁니다. 친구 관계가 매우 적대적으로 될 위험성이 적지 않습니다. 시기와 질투, 오해, 과도한 스트레스로 힘들어지게 될 경우가 많습니다. 영재들에게는 다소 불가피한 부분도 없지 않지만, 영재의 특성이 이 시기에 잘 드러나지 않는다면, 큰 고비를 큰 어려움 없이 넘기는 셈이 됩니다.

130(상위 2%) 이상의 지능 지수는 다소 불안정합니다. 즉 측정할 때마다 다른 지수가 나오기도 하고, 지능 검사 방법에 따라 큰 차이가 나타나기도 합니다. 많은 경우, 여러 차례 측정하려고 하면 아이 스스로 검사에 대한 거부감을 가지기도 합니다. 지능 지수 자체가 학업 성취도와는 다르기 때문에 여러 차례 검사하는 것 자체가 불필요합니다. 대체로 한 번 이라도 높은 지수가 나타나면 더 높은 쪽을 아이의 잠재력으로 보는 것이 타당합니다. 지능 검사는 강한 상방경직성이 있기 때문입니다. 풀어서 표현한다면 지능 지수는 낮게 평가되는 경우는 많아도 실제보다 높게 평가되는 경우는 적습니다. 지적 잠재력은 학습을 하지 않거나 지적 자극을 제공하지 않으면 소멸하거나 감소하지 않습니다. 지적 잠재력은 적극적으로 개발하지 않으면 사라진다는 이야기는 잘못된 것입니다. 그럼에도 그렇게 생각하는 사람이 많습니다.

하지만 학자들의 연구 결과는 그렇지 않습니다. 지적 잠재력은 거의 평생 변하지 않으며, 학업 성취도로 연결되지 않는 것은 대개 학습 습관, 동기 유발, 정서적 안정과 관련된 것이지, 잠재력이 사라지는 것은 아닙니다. 초등학교 3학년 이후에 학업에 흥미를 느끼기 시작하는 영재들은 1년 이내에 5~6년간 계속된 선행학습 효과에 해당하는 과제를 소화해 내기도 합니다. 이런 사례는 얼마든지 있습니다. 극단적으로는 가정 사정으로 정규 학업을 초등학교 밖에 받지 못했던 사람이 25세 이후에 2년 이내에 대학 2~3학년 정도에 해당하는 학업을 소화하는 경우도 있습니다.

 따라서 영재에게 선행학습 자체가 과연 필요한지 의문을 갖는 사람도 있습니다. 10세 전후까지 평범해 보이는 영재는 오히려 대기만성이 될 가능성이 높습니다. 영재 교육의 핵심은 아직 개발되지 않은 잠재력에 대한 부모의 조건 없는 믿음으로부터 시작됩니다. 많은 부모들이 학교나 또래 집단과의 부적응, 부조화 때문에 센터를 찾아오게 되지만, 상담을 합니다가 보면, 특별한 분야에서 강점을 보이는 아이의 부모는 두루 여러 분야에서의 수월성을 아쉬워하고, 두루 여러 분야에 우수한 아이의 부모는 뚜렷한 한 가지는 타의 추종을 불허하는 수준을 영재의 특징이라고 믿는 경우가 많습니다. 믿어 주고 기다려 주고, 아이가 가진 여러가지 약점을 품어 주는 부모가 되면 결국 가장 좋은 영재 교육이 저절로 될 것이라고 믿습니다. 영재 교육은 아이의 영재성을 믿어 의심치 않는 부모가 되도록 하는 교육이 우선입니다.

Q : 불성실한 학습 태도와 의욕 저하

마이클(가명) 만 16세

중학생 시절까지 성적이 높았습니다. 고등학생이 되자, 성적이 매우 나쁩니다. 학습 태도도 성실해 보이지 않고, 친구들과 컴퓨터 오락에 빠져 지내는 시간도 많아 보입니다. 어떻게 하면 학습 의욕을 높이고 열심을 가지는 학생이 될 수 있을까요?

A :

다음과 같은 몇 가지 사전 지식이 필요합니다.

첫째, 아이가 만 10세가 넘으면, 기본적인 인성이 이미 완성되어 있습니다. 부모들이 영향력을 행사해서 성격이나 태도의 변화를 일으키는 것은 쉽지 않게 됩니다. 변화를 일으키기 어려운 부분을 고치려 들면 불필요한 시간, 에너지, 감정을 소모시키는 일이 됩니다.

둘째, 고등학교 이후의 성적은 중학교 이전의 성적과는 접근 방법이 달라야 합니다. 영어 수학의 비중이 한 단계 급격히 올라가게 됩니다. 학원이나 사교육을 통한 훈련이 일정한 한계에 도달하게 됩니다. 아이가 가진 장점을 중심으로 학업에 대한 접근 방법이 전략적으로 설계될 필요가 있습니다.

셋째, 한국 아이들의 평균 지적 능력은 국제적으로 보아 매우 높고, 학업 열중도도 높은 편입니다. 주변의 아이들의 성적이나 학업 시간을 비교하면서 아이를 다그치는 사례가 많지만 그런 접근 방법은 필연코 실패하게 됩니다.

넷째, 중학교 1학년도 마찬가지지만, 고등학교 1학년의 시험은 난이도가 지나치게 높게 느껴집니다. 그것은 학교 교사들이 학교를 경시하지 못하도록 난이도 높은 문제를 선호하고, 학생들의 상대적인 평가를 솔직하게 설명하지 않는 경향과도 관련이 있습니다.

중학까지의 학업 성취도는 부모의 노력으로 어느 정도 관리가 됩니다. 반복 학습과 암기식 학습 강도가 성적을 끌어 올리거나 유지시키는 효과가 있습니다. 하지만 상위 15~20% 이상의 성적은 그런 노력으로 관리가 되지 않는 영역이 생겨나기 시작합니다. 상위권의 성적은 학습량이나 문제 풀이의 양과 시간으로 결정되지 않으며, 개념 이해도의 깊이, 축적된 독서량, 지적 특성이 훨씬 크게 작용합니다. 영어는 이미 학년의 구분이 의미가 없습니다. 한국 사회와 학교 곳곳에 학습 방법이 다양하게 침투해 있기 때문에 학교 수업과는 상관없이 학생들의 영어 실력이 천차만별로 벌어져 있습니다. 중학 과정에서는 문제 풀이나 일부 교과서 문장의 암기 등으로 성적이 관리될 수 있지만, 고등학교 수준이 되면 훨씬 많은 문장과 어휘를 다루게 되기 때문에 그런 접근 방법은 옳지 않습니다. 그러나 학원 수업에서는 단기적인 효과를 위해 그런 학습 과제를 턱없이 많이 부과하는 방식으로 지도합니다. 많은 아이들이 이런 학습 방법에 의해 학습 의욕이 감퇴되지만, 학부모와 학생 스스로도 그런 식의 과제 양을 채우지 않으면 스스로 불안해지는 상황에 빠져 있기 때문에 학원의 무리한 과제를 감수하는 경우가 많습니다. 학원의 과제는 학생 스스로 판단하여 적정한 수준으로 조절하여 소화하는 것이 맞습니다. 학생이 정한 양 이상은 시킬 의사가 없다는 뜻을 학원에 통보하여 불필요한 갈등이나 오해를 사전에 차단하는 것이 맞습니다.

중학 과정에서 필요한 수준의 어휘는 대략 2,000개 안팎, 고등과정에선 5,000개 안팎입니다. 물론 어휘가 풍부할수록 좋지만, 이런 수준에 도달해서 제대로 소화하기 위해서는 하루에 수십 개의 단어를 맹목적으로 암기하는 방법은 한계가 있습니다. 훨씬 많은 문장을 소화해야만 합니다. 고급 문장을 접하고, 문장 안에 담긴 문화적인 요소를 이해할 필요도 있습니다. 영어로 된 생생하고 다양한 서적을 접해 나가야 합니다. 책에 대한 접근법은 한글 독서와 다르지 않습니다. 소설, 역사 소설, 정기 간행물, 역사, 역사 철학, 일반 교양물, 실용 서적, 고전 서적 등을 고루 접해야 합니다. 대체로 EBS 교재나 유명한 참고 서적에 좋은 문장이나 다양한 분야의 장문들이 들어 있어서 얼마든지 쉽게 학습 교재를 구할 수는 있습니다. 하지만 많은 문장을 소화하기 위해서는 학생 스스로 호기심을 가진 분야, 쉽게 흥미를 느낄 수 있는 내용으로 학습할 필요가 있습니다. 차츰 새로운 내용을 접할 수 있는 속도와 분야가 유리합니다. 대체로 한글로 된 독서의 양과 수준도 영어 학습의 심도를 결정한다는 사실을 도외시하는 경향이 있는데, 이것이 많은 공부량에 비해 좀처럼 성적이 향상되지 않는 현상과 관계가 있습니다. 단어 암기는 어휘 수준 400~500개까지 효과가 있습니다. 대체로 그림으로 표현될 수 있는 단어처럼 단순한 연계가 가능한 단어들입니다. 문법적 요소와 관계된 접속어들은 문장 암기를 통해 훈련할 수 있는데, 중학 교과서의 한 페이지 정도를 한 달에 한 장 정도면 큰 도움이 됩니다.

고등학생이 되면 영역별로 주요 핵심 단어를 익힐 필요가 있습니다. 시사, 과학, 정치/경제, 문학, 심리학/철학, 성경/신화, 지리, 역사, 컴퓨터 정도의 영역이 있습니다. 고등학교 과정 이상에서는 실제로 부모가 어떤 영향력을 발휘하기는 어렵다고 생각합니다. 어느 정도는 그동안 가르친 대로의 관성이 작용하고, 아이가 가진 능력 이상을 끌어낼 수도 없습니다. 어느 정도는 이미 완성된 인격이라고 인정하고 스스로 자신의 능력과 태도로 살아가는 것을 지켜보아야 합니다. 대학 입시를 위해서는 단기적으로 학생에게 가장 적합한 접근 방법이 있습니다. 자신이 소화할 수 있는 속도와 수준에 가장 잘 맞는 교사나 프로그램을 찾을 수도 있고, 대학과 직업에 대해 구체적인 고민을 하고 현실적인 조언을 듣고 실제로 그 분야에 대한 정보와 지식을 찾는 일도 의미가 있습니다. 다음과 같이 몇 가지 효과 있는 방법들을 소개합니다.

캠퍼스 투어

고등학생에게는 유명대학과 인근 지역의 캠퍼스를 둘러보는 것 이상으로 학습 의욕을 자극하는 시간이 흔치 않습니다. 말로 대학과 대학 생활의 중요성을 입이 닳도록 해 보아야 자녀와의 담을 높이 쌓고 말씨름을 통해 스트레스를 주고받는 일이 되기 좋습니다. 한 번으로 끝내도 좋고 반응이 좋으면 여러 번 같은 곳을 방문해도 됩니다. 자꾸 반복합니다가 보면 특정 학교에 대한 호감이 생기게 되고 그것 이상으로 동기 유발 효과가 큰 것이 없습니다. 잘 찾아보면 학교가 시간을 정해 놓은 캠퍼스 안내 프로그램이 있습니다. 시간에 맞춰 신청하면 개별적으로도 참가할 수 있습니다.

직업 세계의 탐방/ 교환 학생 프로그램

지인들을 통해 전문 직업을 가진 멘토를 찾아 만나는 시간을 만들어 줍니다. 원칙은 학생이 원하는 직업이어야지 부모가 원하는 직업은 효과가 떨어집니다. 학생들의 진로 선택은 자꾸 바뀌기 때문에 그게 어떤 미래를 결정하는 것이 아닙니다. 어느 직업군이나 최고가 되기 위해 필요한 과정은 사실 비슷하기 때문에 결국 동일한 효과를 가집니다. 교환 프로그램은 학생이 의욕을 보인다면 큰 효과가 있습니다. 시야를 넓혀주고 매우 현실적인 판단을 하도록 자극합니다. 직업 세계 탐방과 교환 프로그램에 대해서는 나중에 자세히 소개합니다.

특별한 시간 갖기

엄마와의 여행, 아빠와의 여행 등을 통해 분위기를 바꿔 아이의 새로운 모습, 미처 깨닫지 못했던 성장한 모습을 발견하게 됩니다. 준비가 부족하면 하지 않는 것만 못한 결과를 얻게 될 수도 있습니다. 여행은 여행 계획을 세우는 것부터 이미 여행입니다. 되도록 학생 스스로가 많은 부분을 결정할 수 있도록 하는 것이 효과가 큽니다. 자신의 의견이 존중 받는다는 느낌이 들수록 부모에 대한 신뢰가 높아지고, 많은 판단을 해 보는 훈련이 됩니다. 잘못된 판단에 대해서는 비난하거나 탓하지 말고, 그 결과를 스스로 느끼게 하는 것이 가장 큰 효과를 얻습니다.

규칙 정하기

 아이를 어느 정도 완성된 인격으로 존중해 주는 태도를 취하지 않으면 모든 부분에서 갈등이 일어나고 결국 매도 구럭도 놓치는 결과가 됩니다. 규칙은 언제나 위반되기 마련이며, 모든 것이 만족스럽다면 굳이 규칙은 필요 없을 것입니다. 규칙은 기본적으로 학생의 생활 습관을 바람직한 방향으로 고쳐 나가려는 노력이 있다는 것을 뜻합니다. 보통은 학습 시간, 컴퓨터나 음악 등 아이가 원하는 활동을 하는 시간, 학습량, 특정한 버릇을 고치는 일 등을 정하게 되는데, 규칙 정하기의 핵심은 자주 어겨지는 일을 어떻게 처리하는가에 있습니다. 모든 일에는 한계가 있다는 것, 마음껏 아무렇게나 해도 되는 일은 없다는 관념을 확보하는 것이 중요하지 실제로 규칙이 지켜지는 것은 상대적으로 중요하지 않습니다. 다시 말해 죽고 사는 문제가 아니란 것을 미리 부모가 알아 두는 것이 현명합니다.

 규칙을 지키기 어렵다면 규칙은 바꾸면 됩니다. 학습량이나 시간을 줄여줘도 되고, 자기 활동 시간을 늘려도 됩니다. 이 과정에서 치사한 장사꾼처럼 술수를 쓰고, 위협하고, 비난하고 심리적 압박을 가할 필요가 없습니다. 고등학생 정도가 되면 자기 스스로도 어느 정도의 학습이 필요한지 스스로 느낍니다. 규칙을 변경하고 협상하는 과정에서 대개의 경우 사람의 인격의 깊이나 수준이 들어납니다. 부모도 학생도 반복하는 가운데 훈련되고 깨닫는 것이 있게 됩니다. 일주일에 하루 정도 날짜를 정해 규칙 협상을 지속적으로 해 나가면 다음과 같은 몇 가지 효과를 얻게 됩니다.

> **Tip 부모와 자녀간 규칙협상의 효과**
>
> · 치사한 장사꾼 같은 얕은 수를 피하게 됩니다.
> · 어쨌든 부모가 통제하고 자녀는 통제를 따른다는 기본적인 위계질서가 유지됩니다.
> · 부모가 자녀의 인성이나 생활 습관을 훌륭하게 만들기 위해 노력한다는 것을 보입니다.
> · 실제로 생활습관이 좋아집니다. 단 시간이 걸린다는 것을 알아야 하고 기다려야 합니다.
> · 6개월 정도면 효과를 보기 시작하는데, 잘되면 평생 하게 됩니다.

'SENG' 질의 응답

'SENG'는 제임스 웹 박사(Dr. James T. Webb)가 주도하는 미국 내 최대의 영재 가족 커뮤니티입니다. 1981년 설립되어 미국 전역에 네트워크를 가진 연합회가 되었습니다. 'SENG'이란 Supporting Emotional Needs of Gifted Children(영재의

'SENG' (영재아 정서 함양 그룹)의 팜플렛

정서적 필요를 지원하는 모임)의 두음자로서 영재에 대한 고정관념에 도전하는 전혀 새로운 관점을 가진 운동이라는 것을 표방합니다. 영재들은 남다른 지성과 잠재력을 가진 것만큼 다른 사람들이 이해하기 어려운 남다른 어려움을 겪습니다. 그런 어려움이 오히려 이 아이가 영재는 아니었다는 모순된 해석으로 이어집니다. 영재들은 특성에 맞는 환경과 교육 프로그램을 제공 받지 못하면 정서적 감성적 발달에 많은 어려움을 겪게 되고, 이것은 이 아이들이 가진 지적 특성의 개발에도 결정적인 장벽이 될 수 있습니다. 미국영재협회(National Association for Gifted Children)과 함께 가장 권위 있고, 규모가 큰 조직으로 평가됩니다. 영재의 가족과 전문가들의 교류와 협력을 통해 영재들을 위한 최고의

조직으로 발전 중입니다. 다음 페이지는 'SENG' 팜플렛에 실린 미국의 영재 부모들이 가장 자주 묻는 질의와 응답을 정리한 것입니다.

질문 1 : 우리 아이가 영재인가요?

호기심, 남다른 어휘와 논리의 사용, 복잡한 무늬와 연관성 발견, 비상한 기억력, 특이하거나 집요한 질문, 특정 분야에 대한 남다른 재능 발현, 숫자나 문자 해득이 빠른 것 등이 영재들의 특성이며, 실제로 부모가 가장 먼저 느끼게 되는 요소들입니다. 영재 특성은 모든 분야에서 동시에 나타나지 않으며, 흔히 지능검사에서도 제대로 발견되지 않기도 합니다. '영재는 이럴 것이다'라는 고정관념을 버려야 하며, 많은 부모들이 상당한 기간 동안 자녀의 영재성을 모르고 있거나, 부정하는 일들이 많습니다. 위의 특성들이 있다면, 반드시 평가를 통해 영재성을 확인할 필요가 있습니다.

질문 2 : 영재이지만 학습 장애를 가질 수 있나요?

학습 장애를 가지는 영재는 예외적이기 보다는 정형적입니다. 많은 경우, 학교에서 충분히 도전할 만한 과제를 제공 받지 못하는 것과 관련이 있습니다. 취학 이전에 영리한 학생이 학교생활 시작하면서 어려움을 겪게 된다면 서둘러 영재성에 대한 평가를 받아야 합니다. 적극적인 부모의 개입을 통해 학습 장애를 극복하고 자신의 잠재력을 개발할 수 있게 도와줘야 합니다.

질문 3 : 잘하는 것은 잘하지만 어떤 부분에서는 형편없습니다. 그래도 영재라 할 수 있나요?

영재라 하더라도 어린 아이라는 것을 부정하거나 간과해선 안 됩니다. 어린 아이들은 성장 도중에 있기 때문에 모든 것을 잘 해 내는 것이 아닙니다. 한두 가지에서 남다른 능력을 보인다면 동기 유발과 흥미 유도를 통해 다른 영역에서도 남다른 능력을 발휘할 수 있습니다.

질문 4 : 학교생활이 도무지 배울 것이 없다고 하는데 어떻게 해야 하나요?

부모 외에는 이 문제를 도와줄 수 있는 사람은 달리 없습니다. 부모가 자녀의 영재성을 믿기 전에는 아무도 가능성을 믿어주지 않습니다. 적극적으로 학교와 교육전문가의 도움을 요청하고 필요한 교육 환경을 찾아내야 합니다.

영재교육 상담자 – ESSAY

영재아와 가정환경의 중요성

어떤 육아서에도 나오지 않는 아이의 독특한 성향때문에 정말 힘든 시기를 보내던 그때.《영재교육백서》는 저에게 유일한 길잡이였습니다. 무엇보다 아이를 이해하는 데 도움이 되었고 제일 큰 변화는 아이보다 부모의 태도였어요. 아이의 남다름을 이해하고 사랑으로 감싸고 기다려줘야 함을 깨달았고, 아이의 특성을 알고 이해를 하는것과 무작정 자식이니까 이해하는 것과는 아주 결과가 다르다는 걸 알았습니다. 불안한 심리상태 때문에 아동 심리치료까지 생각했었는데, 치료도 안 받고 이 책을 읽고 또 읽으며 부모가 변하니까 아이도 안정이 되어 갔습니다. 이 책은 영재아뿐만 아니라 보통의 아이들 키우는 부모님도 분명 도움이 되리라 확신합니다

재능 개발을 위한 수행의 힘

아, 정말 기쁜 소식이에요.《영재교육백서》는 필사하며 읽은 책입니다. 제 존재를 수용하며 살 수 있겠다는 기쁨과 환희로 밤새 잠을 못 이뤘습니다. 아이는 잘 자라고 있고 엄마인 저도 마흔에 새로 대학에 입학했습니다. 별명이 '괜찮아 선생님'이신 지

형범선생님께 진심으로 감사드립니다. 적다 보니 예전 울산에서 부모교육 때 상담해주셨던 기억이 올라오네요. 선생님! 나나엄마입니다. 나나는 학교도 엄청 잘 다니고 있고, 저도 상담심리학 공부를 시작했어요. "나나랑 같이 공부하세요"라고 그때 격려해주셨던 것 기억하시는지요? 너무너무 감사드려요. 새 책도 엄청 기다려집니다.

영재성 계발에 대한 부모 역할

육아와 교육에 대한 고정관념과 고민들을 흔들어 놓은 책! 책 속에서 콕콕 집어내는 우리아이의 모습에서 그동안의 고민과 궁금증이 시원하게 해결되었습니다. 다른 여느 영재 관련 서적처럼 영재로 키우는 법이나 두뇌발달서적이 아닌, 영재의 다름과 영재 아이의 마음을 읽어주는 책이라서 감명 깊었습니다. 무엇보다 아이의 다름을 있는 그대로 받아들이고, 긍정적 시각으로 기다려주며 믿어줄 수 있게 만들어준 고마운 책입니다.

자녀교육의 롤모델

초등학교 3학년 때 지형범선생님과 《영재교육백서》를 알게 된 것은 큰 행운이었습니다. '똑똑한데 이상한 아이'를 보며 남들에게는 공감받기 어려운 고민으로 힘들어하고 있을 때 올바른 영재 교육을 고민하는 지형범선생님을 알게 됐지요. 《영재교육백서》를 읽으며 우리 아이의 상황이 우리만의 것이 아니라는 데 큰 위안을 받았습니다. 《영재교육백서》는 영재의 정의부터 사회 속에서 조화롭게 키울 수 있는 양육 방법, 그러면서도 아이가 가진 장점이 꽃피울 수 있는 방법까지 폭넓게 다루고 있어요. 저와 같은 부모들뿐 아니라 다양한 아이들을 접하는 선생님들께 추천하고 싶어요.

부모의 소통 영향력을 키워야

지형범 선생님과의 만남은 우리 가족의 삶 전체를 바꾸어 놓았다 해도 과언이 아닙니다. 《영재교육백서》를 처음 만났을 때 큰아이의 나이는 6살이었고 지금은 15살입니다. 만약 그때 선생님을 만나지 못했다면 키우기 힘든 아이와 고통스러운 나날을 보내면서 사설 영재 기관을 전전했을지도 모르겠습니다. 그 후로 선생님의 교육과 온·오프 모임을 통해 소중한 인연들을 만나게 되었습니다. 그리고 지금은 아이들은 서로 형제, 자매처럼 지내고 있고 부모들은 늘 위로와 힘이 되어주며 가족같이 지내고 있습니다. 또한 세 아이 모두 안정적으로 행복하게 잘 자라고 있고 가족 모두 서로를 훨씬 더 잘 이해하고 유연하게 대처하며 지낼 수 있게 되었습니다

부모의 신뢰와 헌신으로 키운 아이

 남다르게 태어난 아이. 지성 나이보다 훨씬 어린 감성 나이로 힘들어할 때 부모로서 해줄 것이 없고 아이를 이해하기 어려워 힘들고 괴로웠던 때 세상의 삐딱한 시선으로부터, 내 아이를 지킬 수 있게 해준 책입니다. 이제 아이를 있는 그대로 믿고 지지할 수 있는 힘이 생겼습니다.

아이에 대한 특별한 생각

 아이를 위해 어찌해야 할지 몰라 방황하고 힘들어하던 제게 희망의 빛이 되었던 영재백서! 다른 이들은 아이에게 소아정신과를 권했지만, 지형범선생님께서는 부모의 절대적인 사랑과 믿음을 가르쳐 주셨습니다. 영재백서를 통해 아이뿐만 아니라 저의 자존감까지 회복됨을 느낍니다. 이젠 타인의 부정적인 시선에 흔들리지 않을 자신감도 생겼고, 아이에 대한 믿음과 확신도 더 단단해져 있습니다. 예전처럼 아이가 남들과 다르다고 원망만 하고, 걱정만 했다면 지금은 아이 그 자체만으로도 얼마나 소중하고 귀한 존재인지 하루하루 감사함으로 살고 있습니다. 많은 분들이 이 책을 통해 희망의 기적을 체험하시기 기대합니다.

천상의 새를 지상의 둥지에서 키우는 법

어려서부터 예민하고 까칠하고 한 가지에 엄청난 몰입을 보이는 우리 아이가 엄마 눈에도 이상해보였습니다. '이상하다. 특이하다. 참 힘들다' 이런 느낌으로 아이를 키우니 아이도 저도 편안할 수 없었던 시기가 있었습니다. 그때 만난 책이 지형범선생님의 《영재교육백서》였습니다. 책 안에 우리 딸 아이의 특성들이 고스란히 나열되어 있었습니다. 줄을 치면서 정독을 하고 읽고 또 읽고 공부하며 키운 우리 딸이 이제 중학생이 되었네요. 아이의 특성을 이해하고 선생님 말씀처럼 믿고 사랑하다 보니 편안해진 저를 볼 수 있었습니다. '천상의 새를 지상의 둥지에서 키우는 법'으로 세상의 모든 천상의 새들이 지상의 둥지에서 행복하고 더욱 더 높이 비상하도록 둥지의 부모 새들이 꼭 읽어야 하는 필독서라 생각합니다.

아이의 잠재성을 발견하는 길

갈 곳을 몰라 울면서 헤맬 때 온 인터넷을 뒤져 이든 센터를 알게 되었고 그렇게 《영재교육백서》를 읽으며 용기와 희망도 얻었습니다. 아직 제가 갈 길도 아이가 가야 할 길도 멀지만 열심히 걸어가고 있습니다. 새로 출간하신 책도 읽고, 조만간 분당에서도 뵐 수 있길 고대합니다.

보이지 않는 것을 믿는 것

《영재교육백서》는 힘든 아이를 만난 엄마를 변하게 하는 책입니다. 저는 아이도 엄마도 하루하루가 고통스러운 나날을 보내고 있을 때 먼 지방 도시에서 《영재교육백서》라는 책을 만났습니다. 5년이 지난 지금, 우리 아이의 행동보다 이 아이를 바라보는 저의 시각이 많이 변해 있습니다. '욕심을 걷어내고 있는 그대로 아이를 봐주는 것. 영재 특성을 이해하며 수용해주는 것' 영재백서는 주변인들이 우리 가족을 흔들 때마다 또다시 잘 버틸 수 있도록 도와주는 양육의 지침서입니다.

성장통의 마침표

아이가 어렸을 때 다른 아이들과 많이 다르다는 생각을 했고 그 다음을 고민하고 있을 때 우연하게《영재교육백서》를 만나게 되었습니다. 그때 아이 나이 4살, 그저 놀랍고 신기한 육아였습니다. 하지만 초등학교에 들어가면서부터 였을까, 그동안 만난 영재 가족들의 힘든 이야기들이 곧 우리 아이에게도 현실로 가까이 다가왔습니다. 모임에 나와 여러 가족과 만났고 울기도 하며 위로를 주고 받았던 날들이었습니다. 10년이 지난 지금도 그 인연은 소중히 이어지고 있습니다. 우리 아이들의 고민은 고비고비마다 진행형입니다. 성장통의 마침표를 고대하며 지형범선생님의 새 책 출간을 가뭄의 단비처럼 기다리고 있습니다.

긍정적인 삶의 자세

《영재교육백서》는 육아가 힘든 부모에게 숨통 같은 책입니다. 아들이 유아기부터 빠른 속도로 세상을 호기심 가득한 눈으로 보고 만지고 느낄 때 흑백 논리와 이분법적 사고로 아이를 다그치고 틀에 가두어 힘 겨루기를 할 때 《영재교육백서》를 읽게 되었습니다. 그때부터 유연성 없던 저희 부부는 아이의 특성을 이해하고 마음 읽기가 가능해졌습니다. 이제 고학년이 된 아이는 크고 작은 어려움을 겪으면서 피해의식과 부정적이던 사고는 스스로를 위로하고 긍정적으로 삶을 받아들이는 자세로 바뀌고 있습니다. 부모도 이제 조언자보단 경청자 역할로 바뀌니 한결 육아가 편안해졌고요.

아이의 특성에 맞는 맞춤형 교육

큰 아이가 또래 아이들과 다른 특성을 보여 고민이 많았습니다. 아이가 어린이집과 유치원을 다니면서 힘들어하는 만큼 저도 어떻게 양육해야 할지 갈피를 잡을 수 없고 불안했습니다. 육아가 많이 버거울 무렵 접한 《영재교육백서》를 통해 아이의 특성을 이해할 수 있었고 마음의 안정도 찾을 수가 있었습니다. 이제 아이가 자라 학습 지도 방법에 고민이 많던 차에 《영재교육백서》 3권을 읽었는데, 아이의 특성을 고려한 학습 지도법과 동기 유발 방법이 소개되고 가이드라인이 구체적으로 제시돼 있어 도움이 많이 됐습니다 Part 03의 부모 질의응답 모음 코너에 소개된 사례와 관련된 조언도 눈여겨볼 부분들이 많더군요. 아이를 키우는 부모라면 누구나 읽어볼 만하다고 생각합니다. 다른 분들도 이 책을 통해 많은 도움을 받으시리라 기대합니다.

Chapter
02

상위 2% 지능 지수의 아이들

　웩슬러 검사를 포함해 많은 지능 검사들이 표준 편차를 15로 정해 놓았습니다. 지능 지수 130이라고 하면 상위 2.3%에 속한다는 것을 의미합니다. 멘사에서 정한 입회 기준도 정확하게는 이런 기준입니다. 단지 멘사 테스트에서는 표준 편차를 24로 설정했기 때문에 지수 148이라고 말합니다(웩슬러 지수 130 = 멘사 테스트 지수 148).

　평균보다 표준 편차 2배 차이로 높은 쪽에 속한 집단에 속한다는 것을 알기 쉽게 풀어서 쓰면, 40~50명 중 머리가 제일 좋다고 할 수 있습니다. 지수 120만 넘어도 평균적인 학생들과는 학습 형태, 속도가 분명히 다르지만, 지수 130이 넘으면 그 차이는 상당히 큽니다. 따라서 지수 130이 되면 일반적인 학교 교육은 실제적으로는 견디기 어려운 수준이 됩니다. 문제는 이런 집단의 크기가 대단히 애매합니다. 학교 내에서 별도 학급을 구성하기도 어렵고, 그렇다고 해서 개별 학생을 별도로 관리하기에는 너무 많습니다. 한 해에 태어나는 아이들의 숫자가 40~50 만 명이라면 이런 아이들은 약 만 명 정도가 된다는 것입니다. 만 명의 아이들에게 1대1 멘토링 같은 비용이 많이 발생하는 프로그램을 제공하는 것은 쉬운 일이 아닙니다. 선발 과정도 문제가 생깁니다. 어린 영재로 선발되도록 하기 위한 경쟁이 지나친 조기교육 과열로 발전할 것이 쉽게 예측됩니다. 이미 대학 부설이나 교육청에서 진행되는 여러 영재 프로그램에서 그런 현상이 나타나고 있습니다. 이런 프로그램도 집단 학습 형태를 가지기 때문에 특성이 매우 강한 지수 130 이상의 아이들에게 과연 적절한 학습을 제공하고 있는지는 논란의 여지가 있습니다. 기본적으로는 과학 심화 선행학습 위주이기 때문에 이 아이들에게 절실히 필요한 정서적 배려가 제공되는 것으로는 보이지 않습니다.

무엇보다 1주일 혹은 2주일에 한 번 제공되는 프로그램으로는 한계가 많습니다. 학교에서 제공되는 일반적인 커리큘럼이 아이들에게 전혀 맞지 않는 문제에 대해서 적절한 대안이 제시되어야 마땅하지만, 한시적이고 부분적인 프로그램 제공은 제대로 된 대응이라고 하기 어렵습니다. 궁극적으로는 각 개별 가정이 이런 문제에 대해서 이해하고 그런 이해를 바탕으로 비슷한 어려움을 겪는 가정들이 모여서 공동의 노력을 해야 합니다. 이에 대해 학계와 교육계의 노력도 필요합니다. 유감스럽게도 그렇지 못한 것이 현실입니다. 많은 영재 프로그램이 제시되고 있고 교육부에서도 일정한 예산이 지원되는 것이 사실이지만, 일단 각 아동이 일정한 능력을 증명해야만 그런 프로그램에 편입될 수 있고, 선발 과정이 생기면 이에 대응하는 선행학습이나 조기 학습 프로그램이 자동적으로 만들어집니다. 따라서 또 다른 의미의 학업 경쟁 프로그램이 될 뿐 영재아들에게 고유한 어려움에 대한 지원이 되기 어렵습니다. 결국 그런 프로그램에 모여 새로운 경쟁이 이뤄질 뿐, 또래 관계의 문제 해결, 정서적 발달을 지원하는 것이 아닙니다. 마치 이 아이들은 공부 외에는 자신의 정체성을 찾을 수 없다는 메시지를 강화시키는 것 같습니다.

물론 영재들에게는 특별한 재능이 있고, 이 아이들에게는 특별한 교육과정이 필요합니다. 그리고 동기 유발에만 성공한다면 다른 아이들에게는 불가능한 능력 개발이 가능합니다. 적어도 5배, 10배의 빠른 능력 개발이 가능합니다. 그러나 이 아이들의 빠른 능력 개발은 고유한 속도와 접근 방법이 전제되어야 합니다.

Chapter
03

고지능 아이들의 창의성을 높여라

자료와 통계를 읽다가 보면 매우 명백한 결론이 나올 수 있다는 생각이 듭니다. 그럼에도 관련된 자료를 제시하려다가 보면 의외로 바로 제시할 수 있는 형태로 정리된 이론이나 주장이 매우 적습니다. 왜 그럴까요? 영재 분야에 대한 공부를 계속하면서 가졌던 의문은 지금도 계속되고 있습니다.

어린 학생들에 대한 지능 평가는 사실 대단히 예민한 문제입니다. 반발도 강한 편입니다. 많은 부모들이 지능 평가 자체를 불신하는 경우도 많습니다. 과연 이제 나이 어린 아이들을 평가해서 아이의 장래에 대해 함부로 예측하는 일이 정당한 일인가? 그런 다소 철학적인 회의도 있습니다. 하지만 무엇보다 아이들의 성장은 하루가 다르게 빠르기 때문에 과연 지능 지수로 평가된 능력이 계속 유지될 것인지, 성장하면서 변화될 것인지 의심스럽기도 합니다. 결론부터 말하자면 그렇지는 않습니다. 지능 지수를 제대로 평가했다면 그 지수는 나이가 든다고 하더라도 크게 달라지지 않습니다. 대체로 3~5포인트 오차에서 벗어나지 않습니다. 지능 검사와 지능 지수 개념 자체가 100년의 역사를 가지고 있고, 끊임없이 연구되고 검증되고 관련 연구와 데이터가 축적되어 있습니다. 그 모든 연구를 종합해 보면 지능 지수는 제대로만 평가한다면 상당히 재현성이 높습니다. 향후 30대 초반에 이르기까지 지적 발달이 어느 수준에 이를 것인지를 예측할 수 있습니다. 통계적으로 보면 아이들의 키 성장 예측보다 안정적으로 평가할 수 있습니다. 또한 학업성취도와의 상관관계도 매우 높습니다. 일부 자료에 나오는 통계에서는 0.83까지 나옵니다. 그 정도면 학업성취도는 결국 지능 지수로 얼마든지 예측할 수 있습니다는 것입니다. 특히 120 이하의 지수에서는 상관관계는 더 높습니다.

그럼에도 불구하고 역시 아이들의 지능 지수를 미리 평가해 향후 그 아이의 학업성취도를 미리 예측하고 그런 선입견으로 아이를 평가해버린다는 것은 너무 가혹한 일입니다. 그러나 아이의 지수가 아주 높은 편이라면 이야기는 달라집니다. 아이가 가진 잠재력을 개발하기 위한 노력이 필요하고, 실제로 제대로 방향을 잡는다면 큰 도움이 될 수 있다는 것을 깨달아야 합니다.

학교나 국가는 소수 고지능 학생 집단에 대해서는 어떤 조치를 취하는 데 한계가 있습니다. 학교와 국가의 입장에서는 엘리트 학교를 만들고 적어도 그 학교에 들어갈 만큼 준비가 되었다는 것을 스스로 증명한 학생들에게만 자원을 나눠 주는 것이 가장 효과적입니다. 학교와 국가는 대다수 평균적인 학생들을 위한 정책을 입안하고 운영하는 것에 주력하는 것이 더 중요한 업무라고 생각합니다. 어떤 의미에서 그것이 자연스러운 방향이 됩니다. 소수 학생에게도 배려해야 한다면 특별히 능력이 부족한 집단을 우선 배려하는 것이 맞는 방향입니다. 따라서 학계에서도 특별히 지능이 높은 소수 집단에 대한 연구는 대단히 특별한 영역으로 취급됩니다. 그리고 그런 연구 결과가 일반 교육 분야에 소개되고 정책에 반영되는 일도 쉽지 않습니다.

그러나 한국은 이런 식의 일반적인 경향을 그대로 답습해서는 안됩니다. 그것은 한국의 아이들 중에는 대단히 우수한 아이들이 많기 때문입니다. 지능의 국가간 차이는 역시 잘 연구가 되지 않는 특별한 영역입니다. 인종간의 지능 비교는 사회적인 금기 사항에 속합니다. 자칫 인종차별주의로 지탄을 받습니다. 독일 파시스트들이 '우생학'이라는 이름으로 인종적인 편견을 극대화하여 심지어 인종 말살을 획책했었기 때문입니다. 사람들은 인종간의 차이에 대해 말 한 마디만 해도 파르르 반발합니다. 그런 정서적인 반발과 사회적 금기임에도 우리는 다소 생각을 바꿀 필요가 있습니다. 비록 그걸 통계를 만들고 학술적으로 분명하다는 것을 만들 필요까지는 없습니다. 하지만 일반적으로 나타나는 몇 가지 현상을 보는 것만으로도 우리의 자라나는 세대는 다른 나라의 아이들과는 다르다는 것을 분명히 알 수 있습니다. 그 다르다는 것이 결코 약점이 아니라 하나의 가능성이라면 이에 대해 적극적으로 대처하고 가능성을 극대화시킬 필요가 있습니다.

첫째, 지수가 120이 넘는 아이들에게는 이중 언어 교육이 그렇게 어렵지 않습니다. 세계화가 급속히 진행되고 있는 21세기에는 이중 언어를 구사하는 인력이 절대적으로 필요합니다. 그런 인력이 많으면 많을수록 국가경쟁력을 강화할 것입니다. 그럴 수 있는 아이들에게 그런 능력을 개발할 수 있는 기회를 제공하는 것은 결코 국가적으로 해로운 정책이 아닙니다. 지수 120 이상의 학생들은 전체 학생 중 약 10% 정도가 될 것이며, 이런 아이들에게 이중 언어 교육은 결코 큰 부담이 되지 않습니다. 나머지 90%에게도 '이 아이들이 할 수 있으니 너희들도 할 수 있을 것입니다'라고 하면서 이중 언어 교육을 강제한다면 교육적으로 큰 재난이 될 것입니다. 하지만 체계적으로 준비해 그 기회를 제공한다면 그것은 큰 변화의 시작이 될 것입니다.

둘째, 지수가 120이 넘는 아이들에게는 기존 초등학교 수학이 지나치게 쉽습니다. 단계적으로 중학 수학을 접하게 하면 이 아이들은 평균적인 아이들과는 수학의 고등 개념에 매우 빠르게 접근해 갈 수 있다는 것을 확인할 수 있게 될 것입니다. 이런 아이들에게는 다른 접근 방법을 개방해서 보다 고급 수학의 재미를 느낄 수 있게 할 필요가 있습니다.

셋째, 지수가 120이 넘는 아이들은 평균적인 아이들과 자신들이 가진 학습적 지적 특성이 다르다는 것을 일찍 인지하도록 할 필요가 있습니다. 일정한 리더십을 갖추도록 한다면 이들이 학교 안에서 문제를 일으키기 보다는 문제 발생을 예방할 수 있는 역할을 갖게 할 것입니다.

세 가지 정도의 이유만으로도 고지능을 가진 학생들을 미리 발굴해 일정한 로드맵을 제시하고 이들에게 학교에서 개발할 수 있는 능력 범위를 확대하는 것이 필요합니다. 그리고 그런 시각이 타당하다는 것을 검증할 수 있는 일련의 연구 과정도 필요합니다. 절실히 필요합니다.

Memo

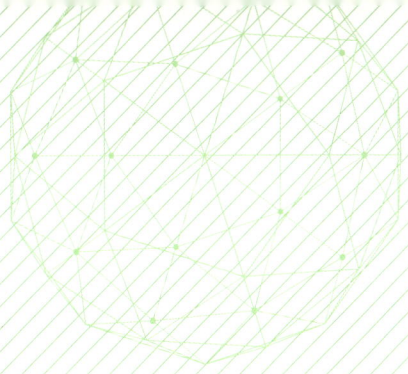

Part 04

지능검사의 발달 과정

Chapter 01

지능 지수 개념의 창시자 '비네'

　비네 박사는 파리에 있는 학생들을 대상으로 지적 발달 상황을 평가했습니다. 언어적인 발달, 수리 논리적인 발달, 기억력, 인지 능력을 평가해 점수로 만든 다음, 전체 학생 중에서 밑에서 30%, 위에서 70% 석차가 되는 점수를 기준점으로 정했습니다. 어린 아이들은 하루 볕을 쬐는 것에 따라서도 달라집니다. 그만큼 성장이 빠르기 때문에 지능 지수 평가에서 실제 나이는 중요한 기준이 됩니다. 6세에서 14세 사이의 학생들을 나이 그룹으로 묶어서 각 나이별로 기준 점수를 산출합니다. 그것이 '나이에 따르는 표준 지능'이 됩니다. 당연한 결과이지만 나이가 많을수록 시험에 대한 득점은 평균적으로 올라갑니다. 각 나이 그룹별로 위로부터 2/3(70%) 위치에 있는 학생의 득점이 그 나이의 기준 능력으로 정해집니다. 그런 지적 능력의 수준은 대체로 그 나이 또래의 아이들이 이런 지적 과제들을 해결해 낼 수 있는 평균적인 능력으로 볼 수 있게 됩니다. 비네 박사는 당시 프랑스 정부의 의뢰로 공적 교육 시스템 내에서 학습을 잘 따라가지 못하는 학생들이 얼마나 되며 그들에게는 어떤 보충 교육이 필요한가를 연구 분석해 보려고 했던 것입니다. 그런 비네의 연구가 지능 검사와 지능 지수의 개념을 만들어냈습니다.

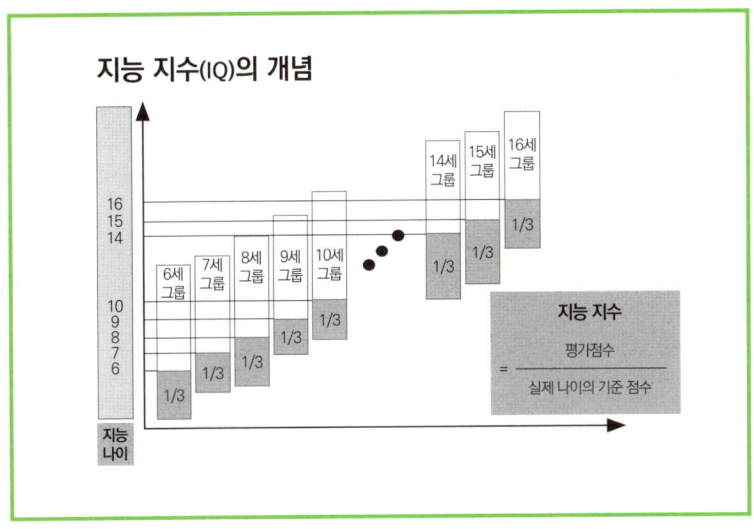

평가 점수는 '지능 나이' 기준 점수와 비교되어 환산됩니다. 6세의 학생이 8세의 기준 점수를 얻었다면 8/6 × 100% = 133 포인트가 됩니다. 당연하지만 같은 점수를 얻었다 하더라도 한 살 혹은 1개월이라도 어린 학생의 지수는 더 높게 평가됩니다. 이렇게 얻어진 IQ 수치들을 마치 아이들의 키를 측정하여 얻은

자료를 다루듯이 통계 처리를 해보면 정규분포 곡선을 얻게 됩니다. IQ가 130이 넘는 아이들은 실제로 2% 정도 밖에 나타나지 않습니다.

Chapter
02

다양한 지능 검사의 종류

스탠포드 비네 검사

비네 박사의 지능 검사는 대서양을 건너 미국으로 가서 스탠포드 대학에서 더 많은 연구와 실험 자료가 추가되었습니다. 미국에서의 지능 검사와 지능 지수에 대한 연구는 루이스 터먼(1877~1956 미국)이 주도했습니다. 스탠포드 대학을 최고의 명문으로 만들고자 하는 학교 이사회는 터먼의 연구를 적극 지원했고 어떤 의미로 볼 때 실리콘밸리의 탄생에도 터먼의 연구는 영향을 미쳤습니다.

루이스 터먼
(Lewis Terman, 1877~1956)

하지만 지능 검사가 대량으로 실시되고, 확산됨에 따라 비네가 경고했던 부작용도 같이 나타났습니다. 1차 세계 대전 때는 한 시간 정도 소요되는 지능 검사가 개발되어 모든 병사들에게 실시되었습니다. A에서 E까지 등급이 매겨지고, A 등급 병사는 모두 장교 교육부대로 편입시켰고, D, E 급 병사는 장교 교육 참가를 배제했습니다. 이에 따른 효용성이 많은 사람들에게 인정을 받아 이민 자격 심사에도 한동안 적용되었습니다. 영어를 모르고 스페인어밖에 모르는 남아메리카 원주민이나 흑인들에게도 영어 시험이 일방적으로 제공되어 이민 허가를 불허하는 상황도 실제로 일어났습니다. 스탠포드-비네 검사라는 이름으로 정착된 지능 검사는 전통과 역사가 가장 깊은 지능 검사가 되었습니다.

데이빗 웩슬러 지능 검사

데이빗 웩슬러
(David Wechsler 1896~1981 미국)

웩슬러는 비네 검사에 대해 불만스러워 했습니다. 결국 지능 나이와 신체 나이의 비율이라는 최초의 지능 지수 개념을 버리고, 수치를 조정해 100이 평균이 되도록 하고, 표준 편차가 15가 되도록 지수를 표준화했습니다. 언어적 발달과 비언어적 발달 수준을 나누어서 평가하도록 했고, 비언어적 발달 수준을 '동작성 지능'(Performance IQ)이라고 불렀다. 각 항목은 좀 더 세부 항목으로 나누어 평가하도록 했습니다.

우리나라에도 많은 지능 검사가 수입 번역되었는데, 비교적 많은 자료가 웩슬러 검사로 축적되었습니다. 다른 종류의 지능 검사도 많이 개발되었지만, 웩슬러 검사가 사용한 표준 편차 15를 채용하는 경우가 많아서, 일반적으로 지능 지수라고 하면 표준 편차는 15인 경우가 가장 많습니다.

통계적인 표준 편차를 사용함으로써 편리한 점은 지수로 학생들 사이의 인지 능력과 학습 능력의 차이를 쉽게 비교해볼 수 있고, 지수를 알면 상대적으로 상위 몇 % 그룹에 속하게 될 것인지 쉽게 예측할 수 있게 됩니다. 웩슬러의 표준화된 지수 사용 이후, 이런 평균과 표준 편차 적용은 그 이후 개발된 모든 지능 지수에 같은 개념이 적용되었는데, 지능 검사마다 표준 편차를 제각기 다른 수를 사용했습니다. 스탠포드 비네 검사는 표준 편차를 16을 쓰고, 레이븐스 매트릭스에서는 24를 사용합니다. 결국 상대적인 지능의 비교에서도 표준 편차가 얼마냐에 따라서 수치가 달라집니다. 비네 박사가 애초에 제시했던 지수는 웩슬러의 표준화 과정을 거쳐 변형되긴 했지만, 스탠포드 비네 검사나 웩슬러 검사, 레이븐스 매트릭스의 지능 지수들은 크게 차이가 나지 않으며 높은 상관계수를 보입니다. 단지 표준 편차가 다른 만큼 고도 지능이 되면 같은 수준을 나타내는 수치가 점점 차이가 나게 됩니다.

지능 검사에 따른 비교 분석

검사의 종류	표준편차	50%	63%	75%	83%	98%	99.8%
웩슬러 검사	15	100	105	110	115	130	145
스탠포드 비네	16	100	105	111	116	132	148
레이븐스 매트릭스	24	100	108	116	124	148	172

지능의 비교는 그렇게 단순한 수치 비교로 하기에는 너무 복잡합니다. 수치 비교가 쉽기 때문에 수치로 지적 능력을 비교해보는 것이 재미도 있습니다. 정말 수치가 높은 아이들이 어떤 능력을 가졌는지 살펴보고 싶겠지만, 학자들은 그런 접근은 옳지 않다고 입을 모아 말합니다. 지능 지수는 매우 이론적인 개념으로 참고자료일 뿐입니다. 하지만 여전히 지능 지수는 사람들의 호기심을 자극합니다.

"저희 부부는 아이에 대해 고민하다가 웩슬러 검사를 받았어요. 그게 2학년 12월이었는데 151로 150 이상에 해당하는 0.1%라고 나왔어요. 저희는 결과지를 들고 학교로 갔습니다. 하지만 꺼내보지도 못했습니다. 담임선생님은 자기는 그런 결과는 알고 싶지도 않고 보지도 않을 것이라고 하시면서, 학교에서는 그런 것 중요하지 않다고 말하셨어요."

150 이상이라고 하면 고도 지능으로 분류할 수 있는데, 이런 학생은 일반적인 집단 교육 체제 내에서는 학습이 어렵습니다. 자신의 잠재 능력을 발휘하기보다는 학습 부진, 학교 부적응아로 낙인찍히기 좋은 상황에 빠져들게 됩니다. 학부모들에게는 학교에 근무하는 교사는 교육전문가입니다. 교육전문가가 지능 검사와 그 결과인 지능 지수에 대해 이렇게 노골적으로 불신을 한다면 학부모들은 당혹스러울 것입니다. 그런 불신을 받으면서도 학교에서도 끊임없이 지능 검사를 실시되고 있습니다. 최근에는 잘 나가는 학원에서도 지능 검사를 실시합니다. 요즈음에는 학부모들이 정신과 병원에 가서 평가하는 일도 흔합니다. 한쪽에서는 믿지 못하겠다는 지능 지수가 다른 쪽에서는 적지 않은 비용을 들여서 계속 실시하는 이런 모순은 어디서 오는 것일까요? 이런 모순된 상황을 이해하기 위해서는 다소 귀찮더라도 지능 지수라는 것에 대해 조금 더 자세히 알아볼 필요가 있을 것입니다.

　결론부터 말하면 지능 지수는 그럭저럭 믿을만한 하나의 지표가 된다는 것입니다. 하지만 지능 지수에는 치명적인 한계가 있습니다. 지능 지수에 대해서 교육계 종사자들이 충분히 이해하지 못하고 있는 것은 일반인들에게는 의외의 일이지만, 거기에는 그럴 만한 이유가 숨어 있습니다.

우선 일반 학부모들이 보기에 학교 교사, 혹은 유치원 보육사, 사설 영재원의 종사자들은 교육 전문가들입니다. 그런데 교육 전문가라는 분들이 지능 지수에 대해서 이야기하는 바가 제각각입니다. 한쪽에서는 지능 지수가 아이가 가진 지적 능력을 평가하는 매우 중요한 지표라고 하고, 다른 쪽에서는 지능 지수를 불신합니다. 학부모 입장에서는 혼란스러울 수밖에 없습니다.

지능 검사와 지능 지수가 그토록 믿을 수 없는 것이라면 왜 아직도 학교에서는 계속 지능 지수 평가를 하고 있을까요? 한마디로 교사들 사이에도 지능 지수와 지능 평가에 대한 의견이 갈려 있다는 것을 보여주는 것입니다. 과연 어느 쪽 말이 맞는 것일까요?

대체로 지능 지수는 당장의 성적은 몰라도 장차 상급 학교에 올라가서 해당 학생이 어느 정도의 학업 성취도를 보일지, 학위를 취득하고 어느 정도 이상의 학자로서의 자질을 갖출 것인지 예측해줄 수 있습니다. 그렇기 때문에 많은 논란에도 불구하고 지능 검사는 계속 실시되고 평가 결과는 교사들에게 계속 참조가 되고 있는 것입니다. 지능 지수와 지능 평가에 대한 혼란과 의문점에 대해서 몇 가지를 살펴보도록 하겠습니다.

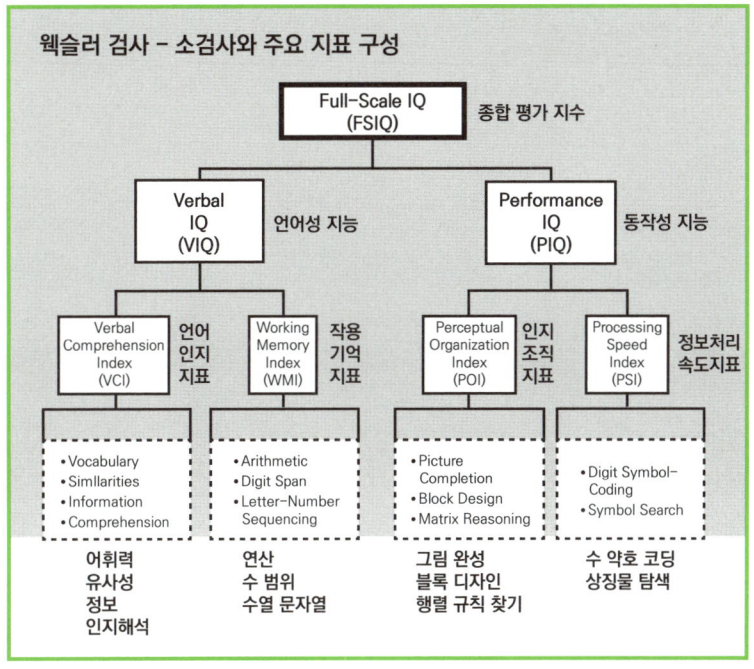

다중 지능 검사

일반 지능 이론(General Intelligence)과 다중 지능 이론(Multiple Intelligence)의 대립은 지능 관련 연구에서 빠지지 않는 논란인데, 참고삼아 살펴보기로 하겠습니다.

일반 지능 이론을 간단히 설명하면, 지적 능력이 발달되어 있으면 어떤 종류의 지적인 과제에 대해서도 우월한 능력을 개발할 수 있다고 보는 것입니다. 반면 다중 지능 이론은 사람마다 개발되는 지적 능력의 방향성이 다르다는 것입니다. 따라서 한 가지 척도로 지능을 평가하는 것은 인간이 가진 지적 능력에 대한 왜곡이라는 것입니다. 대체로 영국계 학자들은 일반 지능에 무게를 두는 반면, 미국계 학자들은 다중 지능 이론을 선호합니다.

다중 지능 이론은 상당히 각광을 받았습니다. 많은 교육학자들이나 교사들이 이에 근거해 여러가지 교육 정책을 개발해야 한다고 주장합니다. 반면 일반 지능 이론은 지적 능력의 수준은 사람마다 일정한 차이가 있는 것이며, 단지 지능의 개발 방향에 따라 여러가지 형태로 발전한다고 봅니다. 따라서 한 분야에서 탁월한 업적을 보이거나 재능을 개발한 사람은 본인의 의지에 따라서 다른 지적인 재능도 쉽게 개발할 수 있다고 봅니다. 다빈치가 그런 사례가 됩니다. 홀링워스 초고도 영재 연구에서도 같은 사례가 많이 발견됩니다.

하지만 만약 정말 그렇다면 고도 영재가 아닌 영재에게는 지나치게 기회가 없어 보입니다. 영재가 아닌 보통 사람에게는 너무 절망적인 메시지가 되는 것 같습니다. 미국의 문화 풍토는 '모든 보통 사람에게도 언제나 기회가 열려 있으며, 누구나 노력하면 성공할 수 있다'는 아메리칸 드림을 선호합니다. 다중 지능 이론이 보다 많은 사람에게 기회가 열려 있다는 메시지로서는 훨씬 설득력이 있어 보입니다. 반면 영국의 엘리트들은 사람마다 타고난 지적 능력의 한계가 있다는 것을 오히려 자연스럽게 받아들입니다. 어떻든 지능 지수 한 가지로 지능을 평가하려는 것 자체가 일반 지능 이론을 전제로 한 것이라고 할 수 있습니다. 그럼에도 불구하고 미국에서 지능 지수가 보다 광범위하게 사용되고 발달했다는 것 자체가 하나의 아이러니입니다. 이에 대한 반작용이 그만큼 거세게 일어났다고 볼 수 있습니다.

찰스 스피어먼(Charles Spearman)

하워드 가드너
(Howard Gardner 미국)

일반 지능 이론을 주창하는 학자는 여럿 있지만 찰스 스피어먼(Charles Spearman 1863~1945 영국)이 대표적인 학자 중 한 사람입니다. 다중 지능에 대해서는 하워드 가드너(Howard Gardner, 1943, 하버드대학교 교수, 미국의 심리학자))가 대표적 학자입니다. 스피어먼은 여러가지 지능 검사가 개발되었으나 모두 비슷한 결과가 나온다는 것에 주목해 결국 시험의 유형이 다르다고 하더라도 추론 능력과 추론된 규칙을 재생해내는 능력은 각 개인마다 일정한 수준을 가진다고 보았습니다.

지능 지수 자체를 처음 제시한 비네가 경계를 했던 것처럼, 지능 검사와 지능 지수를 개발하고 연구하는 학자들 스스로가 인간 지성의 절대적인 지표가 될 수 없다고 전제했음에도 불구하고, 지능 지수라는 단일 지표가 존재한다는 것 자체가 일반 지능 개념을 계속 강조하는 셈입니다. 상대적으로 다중 지능을 말하는 가드너 같은 학자들도 궁극적으로는 인간의 지능을 수치화하려는 시도를 계속하고 있습니다. 다중 지능으로 사람들에게 여러 가지 가능성이 있다는 것을 보이는 것은 좋지만, 몇 가지의 요소로 나누어 볼 것인가도 문제가 됩니다. 다중 지능 이론에서는 언어 지능(linguistic), 수리 논리력(logical-mathematical), 공간 지각(spatial), 음악 지능(musical), 운동 지능(bodily kinesthetic), 인간 관계 지능(interpersonal), 인간 내부 지능(intrapersonal), 존재론적 지능(existential), 자연주의적 지능(Naturalistic) 등으로 분류하는데, 처음 이론이 나올 때보다 점점 종류가 많아지고 있습니다.

초기에 다중 지능이라는 개념이 제시되었을 때 열광적인 반응이 있었으나 인간의 지능을 수치화하는 것 노력은 일반 지능 이론과 다를 바 없다는 비판도 있습니다. 지능의 종류가 지나치게 많아지는 것도 명쾌하지 않은 부분입니다.

단일 지수로 지능을 평가하고 절대화하는 것 자체는 문제가 있으나, 일반 지능은 역시 사람들에게 매력적인 요소가 있습니다.

강력한 지능이 실제로 있고, 일정한 환경을 제공했을 때, 매우 다양한 분야에서 다재다능한 능력을 보일 수 있는 존재가 있으리라는 생각은 여전히 호기심을 자극합니다. 그리고 지적 재능, 학습 능력에 개인 간의 차이가 있는 것은 아무래도 부정하기 어렵습니다.

Chapter
03

전 세계적인 현상 - 플린 이펙트

　뉴질랜드 정치 사회학자 제임스 플린(1934~James Flynn)은 많은 나라 사람들의 지능 지수가 꾸준히 높아지는 현상을 발견했습니다. 평균적으로 30년에 10포인트 정도 올라간다고 측정되었습니다. 30년이라고 하면 한 세대에 해당합니다. 따라서 10년에 3포인트 정도가 올라간다는 것입니다. 이런 현상은 다른 학자들에 의해서도 확인되었습니다. 만약 그렇다면, 100년 전 천재에 속하던 사람들이 지금은 거의 둔재나 천치 혹은 정신 지체 수준밖에는 안될지도 모른다는 뜻이 됩니다. 플린은 자기 자신이 그런 현상을 발견하고서도 스스로 이건 무언가 잘못 측정된 것이 아닌가, 자신이 무언가 잘못된 연구를 하지 않았나 하는 의구심을 가졌습니다. 과연 사람들은 날이 갈수록 지능이 향상되는 것일지 아니면 어떤 요인에 의한 착시 현상이 아닌지 학계에서는 아직도 논쟁이 끝나지 않은 상태입니다. 플린 자신이 이 결과에 대한 의구심을 가지고 여러 가지로 점검해 보았지만, 선진국, 후진국 가리지 않고 정도의 차이는 있지만 꾸준히 증가하는 경향은 뚜렷했습니다. 플린과 지능학자들은 왜 이런 현상이 있는지 많은 고심을 했지만, 어찌 보면 너무도 당연한 일입니다.

전반적으로 사람들의 영양 상태가 좋아졌습니다. 학자들의 연구에 의하면 2세, 24개월 이전 영아들의 영양 공급은 뇌 발달에 직접적인 영향을 줍니다. 태아에게는 산모의 건강, 영양 상태가 영향을 줍니다. 20세기와 21세기에 인류의 영양 섭취 상황은 그 이전과 비교하면 눈에 띄게 좋아졌습니다. 개발도상국에 만연하는 풍토병도 아이들의 지능 발달에 큰 타격을 줄 수 있는데, 풍토병에 대한 영향도 전반적으로 개선되고 있는 것이 원인으로 지적됩니다.

어떤 이들은 그렇다면 이미 영양이나 풍토병이 문제가 되지 않을 선진국에서도 지능이 발달하는 것은 왜냐고 묻습니다. 몇 개의 선진국에서 지수의 상승 속도가 점차 느려지는 것을 확인한 연구 자료가 있습니다. 대체로 지능 지수는 상위 지수보다는 하위 지수에서의 상승 속도가 크다는 것도 확인되고 있습니다. 즉 영양 결핍과 풍토병이 지능 발달에 악영향을 주는 것은 확실한 것으로 보입니다. 영양 상태와 위생 환경이 개선되는 개발도상국에서의 지능 지수 상승 속도가 훨씬 빠릅니다.

영상매체의 발달로 텔레비전, 영화, 시청각 교재 등과 같은 영상매체의 발달은 지능 발달에 큰 영향을 줍니다. 선진국 국민의 지능 지수 향상은 상당 부분 그것으로 설명이 가능합니다.

학교 교육 기간이 지속적으로 늘어나고 있습니다. 부모들의 학력이 높아짐에 따라 가정에서의 지적 발달 자극이 좀 더 강해지고 있으며, 학업 경쟁도 점점 심해지고 있으며, 지적 발달에 대한 쏠림 현상이 점점 커지고 있습니다. 이에 따라 예술, 체육, 문화 교양에 대한 학습이 위축되고 있습니다. 다중 지능 이론은 이런 문제에 대한 교육 담론을 끌어내기 위한 화두가 될 수 있습니다. 그러기 위해서는 확립된 지표가 있어야 하는데, 아직은 지표가 안정적이고 객관적이지 못합니다.

최근 우리의 환경은 점점 복잡한 사고를 요구하고 있습니다. 가전제품이나 전자 기기 등 어릴 때부터 좀 더 복잡한 사고를 해야 될 필요가 늘어나고 있습니다.

위의 다섯 가지 영향은 선진 개발국의 경우, 거의 포화점에 이르렀습니다. 그러면 플린 현상도 한계에 달했을까요? 그렇지 않은 것으로 보입니다. 인터넷의 발달은 플린 현상을 한 단계 더 촉진할 것입니다. 지식의 생산, 확산, 공급이 인터넷을 통해 대폭 늘어나고 있으며, 위성 방송, 유선 방송을 통해 예전 같으면 전문 지식에 해당하는 고급 정보들이 하루가 다르게 늘어나고 있습니다. 이에 덧붙여 인터넷은 양방향 정보 소통을 자극해 인터넷 참여자들은 자신의 지식과 정보를 좀 더 체계적으로 개발하고 다른 사람 앞에서 발표하고 토론, 논쟁을 거쳐 발전시킬 수 있습니다. 그런 기회를 더욱 다양하고 손쉽게 얻게 됩니다. 세계 최고 수준의 인터넷 강국인 한국이 앞으로 한 세대 정도만 전쟁을 겪지 않는다면, 지식이 강조되는 21세기에는 상당한 국력 신장을 하게 될 것을 예상해 볼 수 있습니다.

플린 이펙트 현상을 감안하면, 우리나라 학부모들이 느끼는 당혹감과 어려움을 이해할 수 있을 것입니다. 많은 학부모들이 자녀들의 놀라운 능력에 대해 놀라고 기대합니다. 비슷한 나이 때의 자기 자신과 비교해보면 자녀들의 지적인 발달 속도는 놀라운 수준이고 당연히 학교에서 최고 성적을 낼 것으로 기대합니다. 그러나 실제로 학교에서는 중간 정도나 그 이하의 성적밖에 올리지 못하는 경우가 아주 흔합니다. 그래서 아이가 공부를 열심히 하지 않는 것이 아닌가, 학교가 잘못된 것이 아닌가, 자기 자녀가 사실은 평범한 아이임에도 불구하고 자기가 착각한 것이 아닐까 의심합니다. 어른인 부모들이 헷갈리니, 아이들도 같이 혼란에 빠지는 것은 당연합니다. 그러나 문제의 핵심은 아이들이 전반적으로 지능이 높아지는 것입니다. 앞에서 설명한 모든 일들이 우리나라의 경우는 한꺼번에 초고속으로 진행해왔다. 해방 후 불과 60년, 즉 두 세대 만에 다른 선진국에서 거의 200년에 걸쳐 진행된 발전이 일어났기 때문에 모두가 당황스런 것입니다. 이런 아이들이 다른 나라 학교에 가면 언어적인 장벽만 극복하고 나면, 거의 다 상위권에 오르게 됩니다. 그런데 국내에서 경쟁하면, 이런 우수한 학생들이 결코 높은 석차를 차지할 수 없습니다. 다른 아이들도 그만큼의 능력을 가지고 있을 뿐 아니라, 엄청난 학습량을 감수하고 있기 때문입니다. 그러니 멀쩡한 아이들이 '나는 바보가 아닐까요?' 하는 고민에 청소년기 내내 짓눌립니다. 심지어 자살까지 합니다.

문제의 핵심은 자녀들의 지적 잠재력은 한국의 모든 부문과 마찬가지로 다른 나라 보다 훨씬 빠르게 커져 있다는 점입니다. 그러나 부모들은 이것을 이해하지 못하고 있습니다. 어느 시대, 어느 세대나 비슷한 고민을 겪었지만, 한국의 부모들은 너무 급격한 변화에 직면해 있는 것입니다. 부모보다 자녀가 우수한 것은 축복할 만한 일입니다. 또 훨씬 많은 교육을 제공 받고 있고, 기회도 많습니다. 그 의미와 이에 따르는 결과에 대해 좀 더 깊이 있는 공부가 필요합니다.

역시 문제는 학교입니다. 학생들의 지적 특성이 매우 빠르게 발달하고 지적인 요구 수준은 급격히 높아진 것에 비해 학교의 조직, 프로그램은 그에 맞게 발전하지 못하고 있습니다. 결국 교육 요구는 사교육 시장의 비대로 이어지고 있습니다. 지적 잠재력, 지식, 정보의 매체가 급속히 발달하는 만큼 학생들 사이의 편차도 급격히 늘어나고 있습니다. 선행학습이나 조기 교육이 경쟁적으로 이뤄지고 있고, 관련된 프로그램들이 봇물처럼 쏟아져 나오고 있습니다. 선행학습이나 조기 교육이 강압적인 형태로 무리하게 제공되는 것이 아니라면 그 자체로는 비난할 것은 아닙니다. 문제는 학교 시스템이 이런 환경 속에서 만들어내는 학생들의 편차를 효과적으로 담아내기 어렵다는 점입니다.

학급의 학생 수를 좀 더 줄여야 하고, 초등학교 고학년에는 과목 교사가 배치되어야 합니다. 중고등학교에는 선택 과목제가 도입되어야 합니다. 준비가 된 학생에게는 적극적으로 월반이나 조기 진급을 허용해야 하며, 조기 졸업도 필요합니다. 일률적으로 신체 나이에 따라 진도와 학급을 배정하는 것은 많은 문제를 만들어냅니다. 이런 일련의 학교 체제의 개선 작업이 사교육을 더욱 조장한다고 하지만, 합리적인 개선이 이뤄지지 않는 것이 오히려 사교육을 조장하고 과열시키는 원인을 제공하고 있습니다.

Chapter 04

멘사 아이큐 테스트
- 레이븐스 매트릭스

　국제간의 지능 지수가 비교가능해지게 된 배경에는 '멘사'가 있습니다. 멘사의 처음 시발점인 영국과 최대 회원 보유국인 미국에서는 다양한 지능 검사 결과를 인정하지만, 이외 다른 국가에서는 한 가지 동일한 검사로 입회 시험을 채택하고 있습니다. 이 테스트는 글자나 설명이 전혀 없이 그림으로만 된 문제를 보고 빈칸에 들어갈 무늬나 도형을 선택하는 방식으로 되어 있습니다. 이런 것을 탈문화 테스트 혹은 비문화 테스트라고 부릅니다.

　언어나 시사적인 지식이 들어가게 되면 각국은 자기들 언어와 문화에 맞게 문제를 만들어야 하고, 난이도가 서로 달라지기 때문에 이런 테스트로는 전 세계가 공통으로 사용할 수 없습니다. 그래서 비문화적 지능 검사는 언어나 지식을 사용하지 않고 도형만으로 문제를 만듭니다. 도형 안에 숨겨져 있는 규칙을 찾아내어 빈칸에 들어갈 무늬나 도형을 선택하도록 한 것입니다. 멘사에서 30여 년간 사용한 검사가 레이븐스 매트릭스입니다. 2010년경부터 새로 채택한 FRT라는 테스트도 같은 방식입니다. 멘사는 50개 국가에 국가 지부가 구성되어 있고 회원은 100여 개 국가에 흩어져 있으며 정기적으로 검사를 시행하기 때문에 관련 데이터가 축적되어 있으며, 이런 테스트로 지능을 평가하는 학자와 평가자들도 각 나라에 있다고 할 수 있습니다. 따라서 레이븐스 매트릭스로 지능을 평가한 자료가 있는 국가의 수가 80여 개국 이상입니다. 오른쪽은 도형은 그림만으로 구성한 다지선다형 문제다. 도형 문제의 예를 보여줍니다.

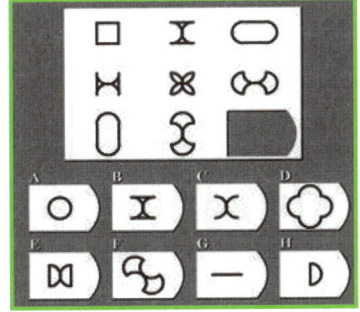

레이븐스 매트릭스의 문제 형식

리차드 린(Richard Lynn)이라는 학자가 이 자료를 분석해보니 동아시아 국가들의 평균 지수가 유난히 높다는 것을 발견했습니다. 한국, 일본, 홍콩, 싱가포르, 대만이 높았습니다. 그리고 이 나라들은 공교롭게도 경제성장률이 두드러지게 높은 나라들이었습니다. 20세기 중반에는 일본이 고도 성장을 보여주었고 후반기에는 한국, 대만, 홍콩, 싱가포르가 급성장했습니다. 네 나라를 신흥고도성장국(Newly Industrialized Countries NICs) 혹은 아시아의 네 마리 용 혹은 호랑이라고도 불렀습니다. 리차드는 동아시아 국가들의 고도성장과 높은 지능 지수가 뚜렷한 관련이 있다는 것을 분석한 책을 출판했습니다. 인터넷에서 검색해보면 실제로 국가별 평균 지능 지수를 찾을 수 있습니다. 앞에서 지능 지수가 가장 높은 10위권까지 기사로 다룬 인터넷 자료를 번역해서 붙였습니다. 여기서 홍콩이 가장 높은 것으로 되어 있지만 엄밀히 말해 홍콩은 도시이지 국가라고 말하긴 어렵습니다. 우리나라도 서울과 부산 같은 대도시만 따로 떼어 내어 평균 지능 지수를 산출한다면 훨씬 더 높은 수치가 나올 것이 분명합니다. 첨부한 기사는 2002년 자료를 사용한 것으로 보이는데, 최근 자료를 보면 이들 상위권 아시아 국가의 평균은 점점 더 높아지는 것으로 나타납니다. 이들 국가들에서의 교육 경쟁이 점점 더 치열해지고 있으며, 문화적인 이유로 점점 압력이 가중되기 때문으로 보입니다.

Chapter 05

지능 검사의 목록

Dynamic Indicators of Basic Early Literacy Skills(DIBELS) grades K-3

A set of standardized, individually administered measures of early literacy development. They are designed to be short(one minute) fluency measures used to regularly monitor the development of pre-reading and early reading skills. Administered by teacher. Published by DIBELS Sponsors

Edusoft Assessment Management System K-12 diagnostic benchmark testing

Classroom management testing, scanned from paper to provide instant online scoring, allowing teachers to offer diagnostic instruction based on current levels and needs of each student. No indication so far of how it works with above-level students... Published by Riverside Publishing Company

Explore 8th-9th grade, given as out-of-level achievement test to upper elementary students

Group achievement test, designed to help 8th- and 9th-graders explore a broad range of options for their future. Often given as an Elementary School Talent Search test(see Talent Search). If you've got your child's scores handy, visit Belin & Blank Center's Explore Interpretation site

Gates-MacGinitie Reading Tests(GMRT) grades K-12

Group Administered reading survey test; paper-pencil and online, available in multiple levels-teacher must select the correct level for the reader, or give only group level. Published by Riverside Publishing Company

Gifted and Talented Evaluation Scales(GATES) ages 5-18

Survey that assesses the characteristics, skills, and talents of gifted students. Published by Prufrock Press

Gesell Developmental Assessment ages 2½-9

Developmental assessment. Administered individually. Designed to identify only those children who are developmentally delayed; does not identify giftedness. Published by The Gesell Institute of Human Development

Gifted Rating Scales(GRS) ages 4-11

Teacher completed survey in 6 "domains of giftedness" including intellectual, academic, motivation, creativity, leadership and artistic talent. Published by Harcourt Assessment

InView grades 2-12

Group cognitive abilities test, comprised of five subtests : Verbal Reasoning-Words; Verbal Reasoning-Context; Sequences; Analogies; and Quantitative Reasoning. Elementary level InView is said to have hard ceiling of 141, where gifted is 127 + . Published by CTB/McGraw-Hill

Iowa Acceleration Scale Manual; A Guide for Whole-Grade Acceleration by Susan G. Assouline, Nicholas Colangelo, Ann Lupkowski-Shoplik, Jonathan Lipscomb, Leslie Forstadt

The Iowa Acceleration Scale is not a test, it's a survey. The Iowa Scale uses the child's IQ and out-of-level achievement test scores, along with dozens of other factors from size & age to school & parent support for acceleration, to determine if the child is a good candidate for full grade acceleration. Sometimes referred to as IAS. Published by Great Potential Press.

Iowa Algebra Aptitude Test(IAAT) Algebra readiness

Helps teachers and counselors make more informed decisions regarding the initial placement of students in the secondary mathematics curriculum. Published by Iowa Testing Programs(ITP) in Iowa, and Riverside Publishing Company in other states

Iowa Test of Basic Skills(ITBS) grades K-8

Group grade-level achievement test, also commonly available to homeschoolers through Bob Jones University. Published by Iowa Testing Programs(ITP) in Iowa, and Riverside Publishing Company in other states

Kaufman Assessment Battery for Children(KABC-II) ages 2½-12½

Assesses cognitive development; gives special attention to certain emerging testing needs, such as use with handicapped groups, application to problems of learning disabilities, and appropriateness for cultural and linguistic minorities. Not designed to test "g;" will likely yield much lower scores in intellectually gifted students. Publisher states it "should be supplemented" with Wechsler, Stanford-Binet or other intelligence scales. Published by American Guidance Service, Inc.

Kaufman Brief Intelligence Test(K-BIT-2) ages 4-90

Quick measure of verbal and nonverbal intelligence. Administered individually, by professional with graduate level training in testing or guidance. Published by American Guidance Service, Inc.

Kaufman Test of Educational Achievement(K-TEA) grades 1-12

Measures school achievement. Administered individually, by professional with graduate level training in testing or guidance. Published by American Guidance Service, Inc.

Keymath-Revised / Normative Update(KeyMath-R/NU) grades K-12

Individually administered, designed to provide comprehensive assessment of a student's understanding and application of important mathematics concepts and skills. Published by American Guidance Service, Inc.

Kingore Observation Scale(KOI) grades K-8

Helps teachers immediately initiate appropriate differentiation in the classroom for students whose learning responses exceed the expectations of the core curriculum. An easy-to-use assessment and differentiation process, the KOI enables educators to enrich the learning environment for all children while identifying gifted and talented students through seven categories of observable behavior... Published by Bertie Kingore

Kuhlmann-Anderson Tests(KA) grades K-12

Group ability test. Eight subtests, at each of the seven KA Test levels. Four of the subtests use items that are primarily nonverbal in nature. These items measure an individual's understanding of numbers and figures. Vocabulary and reading items, which are measures of verbal skills, comprise the remaining subtests at each level. KA Standard Scoring Service provides : Cognitive Skills Quotients(CSQs), standard scores(measures of basic growth) national and local percentiles as well as stanines for grade-related and age-related scores. Published by Scholastic Testing Services

Matrix Analogies Test(MAT) grades K-8

This test is the predecessor to the Naglieri Nonverbal Ability Test(NNAT), by the same author. Culture-fair and language-free means of determining students' nonverbal reasoning and problem-solving ability, regardless of language or educational or cultural background. May be administered in a group setting in about 30 minutes. Previously published by The Psychological Corporation. Review available from Buros Institute

Measures of Academic Progress(MAP)

Computer-based academic tests, commonly given in school. Testing continues while child gets questions correct, so can become out-of-level testing for gifted kids. Published by Northwest Evaluation Association(NWEA)

Orleans-Hanna Algebra Prognosis Test Algebra readiness

Math test to confirm students' readiness for algebra. Published by Harcourt Assessment

Otis Lennon School Abilities Test(OLSAT-8), grades K-12, ceiling = 150

Group ability test, assesses verbal and nonverbal reasoning abilities that are related to success in school. Published by Harcourt Educational Measurement

Naglieri Nonverbal Ability Test(NNAT) grades K-12

Culture-fair and language-free means of determining students' nonverbal reasoning and problem-solving ability, regardless of language or educational or cultural background. Group test, divided into seven grade-based levels. May be administered in a group setting in about 30 minutes. Published by Harcourt Assessment

NeuroLexSM Indicator Report

"Numerous studies that show a distinctive pattern of brainwave activity associated with AD/HD. Of individuals who meet DSM-IV diagnostic criteria, 90% show a distinctive pattern of an increased theta/beta ratio. In contrast, it is uncommon – less than 6%–for an individual who does not meet DSM-IV criteria for AD/HD to show this pattern Publisher continues, "[NeuroLex] should not be used in isolation to establish or rule out the diagnosis of AD/HD for any individual." Developed by Leixicor

Peabody Individual Achievement Test-Revised(PIAT-R) grades K-12

Individual achievement test. Administered individually, by professional with graduate level training in testing or guidance. According to the publisher, the PIAT-R is designed for identification of specific LDs and Title 1 reading disability candidates. Published by American Guidance Service, Inc.

PLUS talent search, grades 5~6

Talent Search test measuring verbal and mathematical reasoning abilities, for 5th–6th grade talent search participants. Developed by Educational Testing Service(the company that administers the SAT) and Johns Hopkins University

Primary Test of Cognitive Skills(PTCS) grades K-1

See Test of Cognitive Skills...

Ravens Progressive Matrices, ages 5-adult

Standard(SPM)-for people of average ability; three versions Classic, Parallel(if classic answers may be known or memorized), and Plus(increases the test's discriminative power at the top end of the ability scale)

Coloured(CPM)-suitable for young children and for persons of limited intellectual ability

Advanced(APM)-Set I provides practice test, or can be used to obtain a quick and approximate indication of overall ability, Set II enquires into the nature of high-level educative ability, and spreads the scores of the more able. If timed(40 minutes) the test is a measure of intellectual efficiency; if un-timed, it provides a measure of intellectual capacity.

Sequence of symbolic figures, becoming progressively more difficult. May be administered in group or individual setting. Published by Harcourt Assessment, Inc.

Renzulli Hartman Rating Scale(Scales for Rating the Behavioral Characteristics of Superior Students or SRBCSS) grades K-12

Rating scale for teachers, help identify student strengths in the areas of learning, motivation, creativity, leadership, art, music, dramatics, planning, and communication. Sample(requires Adobe). Published by Creative Learning Press

Reynolds Intellectual Assessment Scales(RIAS), ages 3-94

Reynolds Intellectual Screening Test(RIST), ages 3-94

4 subtests measure Verbal Intelligence Index(VIX) and Nonverbal Intelligence Index(NIX), taken together form the Composite Intelligence Index(CIX). RIAS administration is 20-25 minutes; RIST is 8-12 minutes. Published by PAR Psychological Assessment Resources

SAT national college admission and placement examination(previously known as the Scholastic Aptitude Test, now just the SAT)

Group achievement test, with sections in writing, mathematics, and critical reading. Used primarily(over the ACT) in 27 U.S. states. Scores ranges from 200 to 800 on each section; average is about 500. Also given to middle school students as a Talent Search test. Facts about the SAT and ACT vs. SAT. Published by College Board.

Scales for Identifying Gifted Students(SIGS) ages 5-18

Observational instrument(survey) for identifying gifted students, by home and school rating scales. Published by Prufrock Press

Scantron Performance Series web-based computer-adaptive diagnostic test

Can test reading(grades 2-12), math(grades 2-9 national and grades 2-12 in some states), language arts(grades 2-8), life science(grades 2-8) and Learning Styles(grades 4-12).. Online test adapts automatically to student's ability level. Developed by Scantron

SCAT(School & College Abilities Test) talent search, grades 2-4

Talent Search test measuring verbal and mathematical reasoning abilities, for 2nd-4th grade talent search participants. Developed by Educational Testing Service(the company that administers the SAT)

Schonell Reading Test

This brief test determines the grade level of reading decoding, but be aware that it does not test reading comprehension

Screening Assessment for Gifted Elementary and Middle School Students, 2nd Edition(SAGES-2) gifted, grades K-8

Three subtests measure aptitude(1) and achievement in Mathematics/Science and Language Arts/Social Studies(2), untimed but takes about 60 minutes total, group assessment. For more information, read... Examiner's Manual-Chapter 1 : Rationale and Overview of the SAGES-2

Examiner's Manual-Chapter 5 : Test Reliability

Examiner's Manual-Chapter 6 : Validity of Test Results

Published by Prufrock Press Inc.

Slosson Intelligence Test, ages pre-school to adult

Slosson Intelligence Test, Revised(SIT-R3) ages 4-65

Slosson Intelligence Test, Primary(SIT-P) ages 2.7-11

Slosson Full-Range Intelligence Test(S-FRIT) ages 5-adult

Quick estimate of general verbal cognitive ability. Published by Slosson Educational Publications

Spatial Test Battery(STB), grades 5-8

Computer-based test to determine spatial gifts, given as(optional) part of JHU/CTY Talent Search testing. Published by JHU/CTY

Stanford Achievement Test Series, Tenth Edition(SAT-10), grades K-12

Standards-based and norm-referenced measure of achievement, assesses reading, lexile measures, mathematics, language, spelling, listening, science and social science. Administered in a group setting. Published by Harcourt Educational Measurement

Stanford-Binet Intelligence Scales, ages 2-85

See Stanford-Binet above...

Terra Nova(CAT/6) grades K-12

Group grade-level achievement test, used by some states as their high-stakes test. Published by CTB/McGraw-Hill

Test of Cognitive Skills, Second Edition(TCS/2) grades 2-12

Primary Test of Cognitive Skills(PTCS) grades K-1

Brief group assessment of academic aptitude that includes verbal, nonverbal, and memory skills. Scores range 58-141, mean = 100. However, Buros Mental Measurements Yearbook does not support the publishers claims. Published by CTB/McGraw-Hill

Test of Mathematical Ability for Gifted Students(TOMAGS) ages

Group test, measures students' ability to use mathematical reasoning and mathematical problem solving. Available in Primary Level(grades K-3) or the Intermediate Level(grades 4-6). Published by Prufrock Press Inc.

Test of Variables of Attention(T.O.V.A.) ages 4-80 +

A 21.6 minute computerized continuous performance test used by professionals in the diagnosis and monitoring of treatment of attention deficit hyperactivity disorder(ADHD) in children and adults. Note : as documented, IQ must be taken into consideration when scoring the T.O.V.A.! Published by Universal Attention Disorders, Inc.

Universal Nonverbal Intelligence Test(UNIT), ages 5-17

Psychologist-administered individual nonverbal intelligence test. Good assessment of general intelligence with entirely nonverbal administration and response formats. Published by Riverside Publishing Company

Wechsler Individual Achievement Test(WIAT) ages 4-19 or grades pre-K-12 plus college, ceiling = 160

Individual achievement test. Published by Harcourt Assessment

Wechsler Intelligence Scales

See Wechsler above...

WISC-IV Integrated ages 4-19 or grades pre-K-12 plus college, ceiling = 160

Note : this is NOT the same test as the WISC-IV-see the entry just above for WISC-IV information.

Supplemental processing test, to determine if underlying processing problems are affecting WISC-IV core test results. The WISC®-IV Integrated includes an extended array of 16 subtests to complement the core test components of WISC-IV, the most widely used clinical instrument for measuring cognitive ability in children. This is not an IQ test, and it is not the WISC-IV. Published by Harcourt Assessment

Wide Range Achievement Test-4th edition(WRAT4) ages 5-11 or 12 +

Very brief achievement test measuring reading recognition, spelling, and arithmetic computation; very basic results. Not commonly used in gifted assessments. See Psychpage.com. Published by PAR

WISC-III and/or WPPSI-R vs. SB L-M Collected by Carolyn K.

This table of over 50 students shows that... no conclusions can easily be drawn from WISC-III or WPPSI-R subtests ceilings to indicate how MUCH higher a gifted child who hits the ceiling on a Wechsler IQ test may score in supplemental testing on the SB L-M, but when given to children who reach ceilings on the WISC / WPPSI, they nearly all DO score higher...

Woodcock-Johnson III(WJ-III), ages 2-90 +

See Woodcock-Johnson III above...

Woodcock-Muñoz Cognitive Ability & Achievement Test Battery / Batería III Woodcock-Muñoz ages 2-90

Parallel Spanish version of the Woodcock-Johnson Tests of Cognitive Ability-Revised. Published by Riverside Publishing Company

숨겨진 영재성 발견하라

초 판 1쇄 2016년 6월 24일

지은이 지형범
펴낸이 전호림　**기획·제작** 두드림미디어　**펴낸곳** 매경출판(주)
등　록 2003년 4월 24일(No. 2- 3759)
주　소 우)100-728 서울시 중구 퇴계로 190(필동1가) 매경미디어센터 9층
홈페이지 www.mkbook.co.kr
전　화 02)2000-2636(마케팅)　02)333-3577(내용 문의 및 상담)
팩　스 02)2000-2609　**이메일** dodreamedia@naver.com
인쇄·제본 (주)M-print 031)8071- 0961

ISBN 979-11-5542-473-5(13370)
값 15,000원